Clotilde Leguil
Agrégée de Philosophie
Lycée Camille Sée, Paris XVe

La philosophie au bac

Un cahier pour s'entraîner
Des sujets guidés
Des textes

éco responsable
Bordas

Coordination éditoriale : Catherine Gaschignard
Édition : Mélanie Billard
Conception graphique et couverture : Véronique Lefebvre
Mise en page : Les PAOistes

ISBN : 978-2-04-732397-7

Un cahier pour s'entraîner au bac de philosophie

Le programme de philo au bac à travers des sujets

Ce cahier se compose de cinq chapitres correspondant aux cinq parties du programme de philosophie de la classe de Terminale (Le sujet, La morale, La culture, La politique, La raison et le réel). Les notions du bac sont traitées à partir de sujets de dissertation et de commentaires de texte.

Chaque partie propose quatre sujets :
- une dissertation rédigée ;
- un commentaire rédigé ;
- une dissertation à rédiger ;
- un commentaire à rédiger.

La méthode de la dissertation et du commentaire à travers des sujets

Ce cahier se propose de montrer la **méthode de la dissertation et du commentaire de texte** directement **appliquée à des sujets**. On trouvera ainsi à la fois les étapes nécessaires à l'analyse des questions et des textes, des suggestions de références philosophiques à utiliser, le cheminement du développement, accompagné des méthodes d'introduction et de conclusion.

Les textes à lire pour traiter les sujets

Les sujets traités font référence à des **thèses de philosophes** et donc à **des textes**. Ainsi ce cahier se propose de guider les élèves dans leur réflexion en leur proposant directement des textes dont on peut se servir pour les problématiques en question. Il ne s'agit pas de prescrire tel texte, mais plutôt de donner des suggestions de références afin de faire un lien entre le sujet et des textes.

Des sujets à traiter soi-même à partir de textes à étudier

Enfin, ce cahier permet de **s'entraîner à appliquer la méthode d'analyse des questions de dissertation et d'analyse des textes**, grâce à des sujets guidés mais non rédigés. Les élèves ont la possibilité d'écrire directement sur leur cahier en se laissant guider par les indications proposées. Ce cahier est donc personnel et chacun peut se l'approprier en soulignant, remplissant, notant, ce qu'il comprend ou ce qu'il recherche.

L'auteur

Sommaire

CHAPITRE 1 Le sujet

Les enjeux philosophiques 7

Sujet 1 Dissertation
« La question "qui suis-je" admet-elle une réponse exacte ? » 8

- Méthode d'analyse du sujet 8
- Développement du plan en trois parties 9

Les textes
- PASCAL, *Pensées* 11
- DESCARTES, *Discours de la méthode* 11
- PROUST, *Un amour de Swann* 12
- FREUD, *Nouvelles Conférences d'introduction à la psychanalyse* 13
- SARTRE, *L'existentialisme est un humanisme* 47

Sujet 2 Commentaire de texte
BERGSON, *L'Énergie spirituelle* 14

- Méthode d'approche du texte 14
- Explication du texte 15

Les textes
- PROUST, *À la recherche du temps perdu* 18
- FREUD, *Cinq Leçons sur la psychanalyse* 19
- DESCARTES, *Discours de la méthode* 11

Sujet 3 Dissertation
« Désirer, est-ce nécessairement souffrir ? » 20

- Méthode d'analyse du sujet 20
- Développement du plan en trois parties 20

Les textes
- PLATON, *Le Banquet* 22
- SAINT AUGUSTIN, *Les Confessions* 22
- RACINE, *Phèdre* 23
- SCHOPENHAUER, *Le Monde comme volonté et comme représentation* 24
- FREUD ET BREUER, *Études sur l'hystérie* 24
- ÉPICURE, *Lettre à Ménécée* 51

Sujet 4 Commentaire de texte
KANT, *Critique de la raison pratique* 26

- Méthode d'approche du texte 26
- Explication du texte 27

Les textes
- LOCKE, *Essai sur l'entendement humain* 29
- FREUD, *Nouvelles Conférences sur la psychanalyse* 29
- SARTRE, *L'existentialisme est un humanisme* 30
- ARISTOTE, *Éthique à Nicomaque* 38

CHAPITRE 2 La morale

Les enjeux philosophiques 31

Sujet 1 Dissertation
« Le bien et le mal sont-ils des valeurs conventionnelles ? » 32

- Méthode d'analyse du sujet 32
- Développement du plan en trois parties 33

Les textes
- LÉVI-STRAUSS, *Les Structures élémentaires de la parenté* 35
- ROUSSEAU, *Émile ou de l'éducation* 35
- KANT, *La Philosophie de l'histoire* 36
- Hannah ARENDT, *Eichmann à Jérusalem, Rapport sur la banalité du mal* 37
- ROUSSEAU, *Du contrat social* 46
- SARTRE, *L'existentialisme est un humanisme* 47

Sujet 2 Commentaire de texte
ARISTOTE, *Éthique à Nicomaque* 38

- Méthode d'approche du texte 38
- Explication du texte 39

Les textes
- ARISTOTE, *Éthique à Nicomaque* 42
- SAINT AUGUSTIN, *Les Confessions* 42
- KANT, *Fondements de la métaphysique des mœurs* 43
- ROUSSEAU, *Émile ou de l'éducation* 35

Sujet 3 Dissertation
« Être libre, est-ce ne se soumettre à rien ? » 44

- Méthode d'analyse du sujet 44

• Développement du plan en trois parties 44

Les textes

- Rousseau, *Du contrat social* 46
- Hobbes, *Le Citoyen* 46
- Sartre, *L'existentialisme est un humanisme* 47
- Spinoza, *Traité théologico-politique* 101

Sujet 4 Commentaire de texte
Kant, *Fondements de la métaphysique des mœurs* 48

• Méthode d'approche du texte 48
• Explication du texte 49

Les textes

- Épicure, *Lettre à Ménécée* 51
- Descartes, *Lettre à Élisabeth* 51
- Proust, *Le Temps retrouvé* 52

CHAPITRE 3 La culture

Les enjeux philosophiques 53

Sujet 1 Dissertation
« Peut-on tout exprimer ? » 54

• Méthode d'analyse du sujet 54
• Développement du plan en trois parties 55

Les textes

- Michel Leiris, *Biffures* 58
- Hegel, *Encyclopédie des sciences philosophiques* 58
- Kant, *D'un prétendu droit de mentir par humanité* 59
- Freud, *Introduction à la psychanalyse* 60
- Lacan, *Écrits I* 60
- Pierre Alféri, *Chercher une phrase* 61
- Freud, *Un souvenir d'enfance de Léonard de Vinci* 77

Sujet 2 Commentaire de texte
Pascal, *Préface du traité du vide* 62

• Méthode d'approche du texte 62
• Explication du texte 63

Les textes

- Pascal, *Pensées* 66
- Rousseau, *Discours sur l'origine et les fondements de l'inégalité parmi les hommes* 66
- Marx, *Manuscrits de 1844* 67
- Christophe Dejours, *L'évaluation du travail à l'épreuve du réel* 115
- Changeux, *L'Homme neuronal* 116

Sujet 3 Dissertation
« Pourquoi se cultiver ? » 68

• Méthode d'analyse du sujet 68
• Développement du plan en trois parties 68

Les textes

- Hegel, *Esthétique* 70
- Hannah Arendt, *La Crise de la culture* 70
- Freud, *Le Malaise dans la culture* 71

Sujet 4 Commentaire de texte
Merleau-Ponty, *Sens et non-sens* 72

• Méthode d'approche du texte 72
• Explication du texte 73

Les textes

- Hegel, *Cours d'esthétique* 75
- Hannah Arendt, *La Crise de la culture* 75
- Klee, *Théorie de l'art moderne* 76
- Kandinsky, *Du spirituel dans l'art et dans la peinture en particulier* 76
- Proust, *Le Temps retrouvé* 77
- Freud, *Un souvenir d'enfance de Léonard de Vinci* 77

CHAPITRE 4 La politique

Les enjeux philosophiques 79

Sujet 1 Dissertation
« Les hommes n'échangent-ils que ce dont ils ont besoin ? » 80

• Méthode d'analyse du sujet 80
• Développement du plan en trois parties 81

Les textes

- Aristote, *Les Politiques* 84
- Pernot, *La Politesse et sa philosophie* 84
- Rousseau, *Essai sur l'origine des langues* 85
- Lacan, *Autres écrits* 86
- Brillat-Savarin, *Physiologie du goût* 87
- Christophe Dejours, *L'évaluation du travail à l'épreuve du réel* 115

Sujet 2 Commentaire de texte
Sartre, *Situations* 88

• Méthode d'approche du texte 88
• Explication du texte 89

Les textes

- Sartre, *L'existentialisme est un humanisme* 92

- KLEMPERER, *LTI, la langue du IIIe Reich* 92
- MILNER, « Les valets du contrôle », *Le Nouvel Âne* 93
- Hannah ARENDT, *Eichmann à Jérusalem, Rapport sur la banalité du mal* 37

Sujet 3 Dissertation
« Peut-il être raisonnable de désobéir à la loi ? » 94

- **Méthode d'analyse du sujet** 94
- **Développement du plan en trois parties** 94

Les textes
- ROUSSEAU, *Du contrat social* 96
- SAINT THOMAS D'AQUIN, *Somme théologique* 96
- PASCAL, *Pensées* 97
- Hannah ARENDT, *Eichmann à Jérusalem, Rapport sur la banalité du mal* 37
- HOBBES, *Le Citoyen* 46
- MILNER, « Les valets du contrôle », *Le Nouvel Âne* 93

Sujet 4 Commentaire de texte
TOCQUEVILLE, *De la démocratie en Amérique II* 98

- **Méthode d'approche du texte** 98
- **Explication du texte** 99

Les textes
- SPINOZA, *Traité théologico-politique* 101
- TOCQUEVILLE, *De la démocratie en Amérique II* 101
- KANT, *Théorie et Pratique* 102
- HARDT et NEGRI, *Empire* 102

CHAPITRE 5 La raison et le réel

Les enjeux philosophiques 103

Sujet 1 Dissertation
« Toute vérité a-t-elle besoin d'être prouvée ? » 104

- **Méthode d'analyse du sujet** 104
- **Développement du plan en trois parties** 105

Les textes
- Gaston BACHELARD, *La Formation de l'esprit scientifique* 107
- Claude BERNARD, *Introduction à la médecine expérimentale* 107
- KIERKEGAARD, *Journal (1834-1839)* 108
- LACAN, *Le Séminaire* 108
- PASCAL, *Pensées* 109
- DESCARTES, *Discours de la méthode* 11

Sujet 2 Commentaire de texte
MERLEAU-PONTY, *Sens et non-sens* 110

- **Méthode d'approche du texte** 110
- **Explication du texte** 111

Les textes
- MERLEAU-PONTY, *Phénoménologie de la perception* 115
- Christophe DEJOURS, *L'évaluation du travail à l'épreuve du réel* 115
- CHANGEUX, *L'Homme neuronal* 116
- DESCARTES, *Discours de la méthode* 11
- KANT, *La Philosophie de l'histoire* 36
- MARX, *Manuscrit de 1844* 67

Sujet 3 Dissertation
« Qu'est-ce que "faire une expérience" ? » 118

- **Méthode d'analyse du sujet** 118
- **Développement du plan en trois parties** 118

Les textes
- DESCARTES, *Discours de la méthode* 120
- Robert MUSIL, *L'Homme sans qualités* 120
- ARISTOTE, *Éthique à Nicomaque* 121
- MERLEAU-PONTY, *Phénoménologie de la perception* 115
- Christophe DEJOURS, *L'évaluation du travail à l'épreuve du réel* 115
- Claude BERNARD, *Introduction à l'étude de la médecine expérimentale* 125
- Alexandre KOYRÉ, *Études d'histoire de la pensée philosophique* 126
- MERLEAU-PONTY, *Sens et non-sens* 72
- PROUST, *Le Temps retrouvé* 77

Sujet 4 Commentaire de texte
LEIBNIZ, *Nouveaux Essais sur l'entendement humain* 122

- **Méthode d'approche du texte** 122
- **Explication du texte** 123

Les textes
- KANT, *Critique de la raison pure* 125
- Claude BERNARD, *Introduction à l'étude de la médecine expérimentale* 125
- Alexandre KOYRÉ, *Études d'histoire de la pensée philosophique* 126

Index des auteurs 127

1 Le sujet

La conscience
L'inconscient
Autrui
La perception
L'existence et le temps

Les enjeux philosophiques

Pour l'être humain, exister, ce n'est pas seulement être en vie. Être vivant ou avoir vécu est une condition de l'**existence** mais ne suffit pas à définir ce qu'est exister.

En effet, l'être humain se distingue de l'animal en ce qu'il a une façon singulière de vivre. Si l'animal se contente de suivre son instinct naturel, l'homme, lui, agit à partir de sa **conscience**, de sa pensée. L'être humain, non seulement **perçoit** le monde, mais en même temps en a conscience et peut réfléchir à ses propres conditions d'existence. Ainsi, il se définit dans un certain rapport au **temps**, qui confère à son identité une dimension historique. Comme l'écrit Bergson, la conscience est un « trait d'union » entre le passé et l'avenir.

De plus, l'homme, comme l'animal, a des besoins, mais il ne suffit pas non plus de les satisfaire pour se sentir exister. Ainsi, l'homme se définit comme un être de désir, qui ne sait pas lui-même comment satisfaire ses propres désirs, car ils échappent parfois à sa conscience et relèvent de l'**inconscient**.

Enfin, l'être humain ne peut se passer d'un rapport à **autrui** pour se sentir exister. C'est grâce à la reconnaissance de l'autre que je peux devenir moi-même sujet. Et pourtant, autrui est aussi celui qui m'échappe et qui, dans l'amour par exemple, me révèle une dimension de moi-même que j'ignorais.

Exister comme **sujet**, c'est pouvoir se positionner comme à l'origine de sa propre existence et cela relève davantage d'un désir et d'une conquête que d'un fait naturel. Exister, c'est avoir à inventer sa propre existence.

SUJET 1

Dissertation

« La question “qui suis-je ?” admet-elle une réponse exacte ? »

Méthode d'analyse du sujet

I Analyser le sujet

→ Analyser les concepts de la question

– « qui suis-je ? » renvoie au concept du sujet, du « je », de l'identité.
– « le questionnement » et « la réponse exacte » renvoient à l'interrogation sur soi et la définition de soi-même que l'on peut trouver.

→ Rechercher d'autres concepts associés ou opposés au sujet

– **le sujet :** l'identité, le moi, la conscience, l'inconscient, la pensée, la subjectivité.
– **la réponse exacte :** la réponse scientifique, la réponse précise, la réponse certaine, la réponse définitive.
– **le questionnement :** le savoir, la recherche, la vérité.

On peut opposer :
– au sujet : l'objet, la chose.
– à la réponse exacte : l'absence de réponse, l'inquiétude, l'obscurité, la réponse relative.
– à la question : l'absence de doute, la certitude, le savoir objectif.

→ Comprendre comment la question est posée

C'est un sujet qui pose une question sur une question.
Il y a donc une sorte de mise en abîme. Il faut se demander quand et pourquoi on peut se poser la question « qui suis-je ? ». C'est la spécificité de ce sujet.

→ Reformuler la question

– Puis-je me définir de façon objective ?
– Faut-il chercher à définir l'identité personnelle de façon scientifique ?
– Puis-je savoir qui je suis ?

II Faire appel aux textes philosophiques pour traiter le sujet

– Pascal, « Qu'est-ce que le moi ? », *Pensées*, p. 11
– Descartes, « Le cogito », *Discours de la méthode*, p. 11
– Proust, *Un amour de Swann*, p. 12
– Freud, *Nouvelles Conférences d'introduction à la psychanalyse*, p. 13
– Sartre, *L'existentialisme est un humanisme*, p. 47 (chapitre 2)

→ Lisez les textes et essayez de voir comment ils peuvent vous aider à réfléchir à la question.

→ Déterminez quels textes utiliser dans quelle partie.

III Élaborer un plan

Vous devez construire votre dissertation en trois parties : la thèse, l'antithèse et la synthèse.

- **La thèse** (I) est la réponse la plus immédiate à la question posée. C'est une phrase affirmative.
- **L'antithèse** (II) émet une objection à la thèse. C'est une phrase qui commence par « pourtant », « cependant », « mais ».
- **La synthèse** (III) est la réponse la plus intéressante trouvée à la question : elle propose une définition du concept majeur de la question en intégrant les apports de la thèse et de l'antithèse.

I. La réponse à la question « qui suis-je ? » nous est donnée par la pensée.

II. Mais cette réponse consciente est remise en question par l'inconscient.

III. Pour trouver une réponse à la question « qui suis-je ? », il faut se questionner sans refuser la part de mon être qui échappe à toute certitude.

IV Rédiger l'introduction

Vous devez respecter les cinq étapes suivantes :

→ Étape 1. Partir d'une observation courante, d'un constat en accord avec le sens commun

La vie en société procure à chaque individu une identité déterminée : une naissance est enregistrée à la mairie à partir d'un nom, d'une date, d'une appartenance familiale.
Mon identité civile comprend donc ce nom que je porte, le sexe, mon âge, mon statut social (salarié, chômeur...) et familial (célibataire, marié...). La société s'arrange donc pour savoir qui sont les citoyens.

→ Étape 2. Trouver une objection, une nuance permettant d'interroger la première observation

Cependant, si je suis une femme ou un homme comme d'autres femmes, d'autres hommes, je me définis aussi par ma différence. Ce que je suis dans l'intimité de ma vie ne peut se résumer à cette identité civile. Il peut m'arriver de me sentir enfant alors que je n'en ai plus l'âge. Il peut m'arriver de douter de ma position sexuelle. Et il peut m'arriver enfin de me sentir aliéné par le travail, ou par une fonction que j'occupe dans la société.

→ Étape 3. Poser la question du sujet

La question « qui suis-je ? » admet-elle une réponse exacte ?

→ Étape 4. Reformuler la question

Peut-on se définir soi-même avec la même objectivité que s'il s'agissait d'un objet d'observation scientifique ?
Ne faut-il pas se méfier des réponses qui prétendent mettre un terme à cette interrogation subjective ?
La vérité sur soi-même peut-elle être de l'ordre d'une réponse définitive ?

→ Étape 5. Annoncer le plan

Nous verrons, dans un premier temps, à quelles conditions la question « qui suis-je ? » peut se poser. Dans un second temps, nous nous demanderons si cette question ne renvoie pas toujours à une zone d'ombre qui est notre inconscient. Et enfin, nous verrons pourquoi l'existence se construit à travers un questionnement qui permet la liberté.

Développement du plan en trois parties

I. Une thèse : La réponse à la question « qui suis-je ? » nous est donnée par la pensée

● Nous sommes obligés dans notre vie quotidienne de nous définir de façon déterminée afin d'occuper une certaine fonction dans la société. La réponse exacte à la question de l'identité est une exigence sociale. Nous avons besoin de nous reconnaître les uns les autres à partir de traits communs. Il s'agit là des nécessités du quotidien. Comme le montre Heidegger, la « quotidienneté » nous amène à endosser une identité standard, qui permet de vivre comme tout le monde.

● Cependant, certaines expériences me conduisent à m'interroger sur mon identité profonde, mon identité psychique, qui n'apparaît pas dans cette identité civile. Dans l'expérience amoureuse par exemple, il m'arrive de ne plus me reconnaître moi-même. Proust, dans *Un amour de Swann*, dépeint un personnage masculin en proie à une jalousie mortifère à l'endroit d'une femme qui n'est même pas son genre (voir texte 3 p. 12). Ainsi, la passion amoureuse nous conduit à nous interroger sur ce que nous sommes pour l'autre, sur ce qu'on aime en lui, en elle, mais aussi sur ce qu'il aime en nous.

● **Pascal** se demande ainsi : quand l'autre m'aime, m'aime-t-il vraiment moi ? Aime-t-il mon corps, aime-t-il mon image ? « Qu'est-ce donc que le moi ? » s'interroge Pascal **(voir texte 1 p. 11)**. Suis-je encore moi lorsque je suis malade ? Lorsque je vieillis ? Lorsque je change d'apparence ?

● Nous pouvons alors essayer de trouver une réponse à la question « qui suis-je ? » lorsque nous n'existons plus seulement à travers le regard de l'autre, mais que nous essayons de nous détacher de tout ce qui viendrait de l'extérieur pour trouver une vérité intérieure. **Descartes** trouve une réponse : « je suis une chose qui pense » **(voir texte 2 p. 11)**. Je ne sais pas exactement qui je suis, mais je sais que ce que je suis, mon être, c'est de la pensée, et c'est en pensant que je suis, que j'existe.

II. Une antithèse : Mais cette réponse consciente est remise en question par l'inconscient

● La réponse que découvre Descartes à la question « qui suis-je ? » est issue de sa conscience. C'est même sa conscience qui la trouve. Je suis une pensée consciente d'elle-même. Cette réponse peut être remise en question par la découverte de certaines pensées en moi dont je ne m'explique pas la présence. L'expérience du rêve montre non pas que je pense, mais que « ça pense » comme le disait Lacan, ou « je est un autre » comme l'écrivait Rimbaud.

● La psychanalyse nous apprend que la réponse exacte à la question « qui suis-je ? » est une illusion visant à refouler le conflit psychique. Je ne suis pas seulement une identité, j'ai en moi des désirs qui se contredisent. Les cas de symptômes hystériques, qui ont permis à **Freud** de découvrir l'inconscient **(voir texte 4 p. 13)**, montrent que ce que je suis fait énigme pour moi.

III. Une synthèse : Pour trouver une réponse à la question « qui suis-je ? », il faut se questionner sans refuser la part de mon être qui échappe à toute certitude

● Ce qui me constitue comme sujet, c'est ma question. Cette affirmation de Lacan me permet de saisir qu'exister en tant que sujet, c'est justement pouvoir mettre en question son identité et échapper à toutes les réponses définitives.

● Plutôt que l'exactitude, c'est l'invention que je vais faire qui va me définir d'une façon unique. La réponse de l'inconscient à la question « qui suis-je ? », celle qui surgit dans le lapsus, dans l'acte manqué, est toujours surprenante et introduit une incertitude.

● Comme l'écrivait **Sartre**, « l'existence précède l'essence » **(voir texte 3 p. 47)**, et si en effet il n'existe pas d'essence de ce que nous sommes en dehors de nos actes, c'est bien qu'aucune réponse au sujet de mon identité ne peut être définitive. C'est en me questionnant que j'ai aussi la possibilité de ne plus être ce que j'ai été et de me projeter dans un avenir porté par un désir nouveau.

V Conclusion

→ Montrer comment le déroulement des trois parties a permis de répondre à la question posée

Nous avons montré que la question « qui suis-je ? » surgissait lorsque nous ne savions plus très bien qui nous sommes justement, lorsque ce que nous pensions être s'avère illusoire ou superficiel. Prendre conscience de ce que je suis, c'est pouvoir se questionner à partir de ce qui me fait douter de toute réponse exacte et définitive. Je peux prendre conscience de ce que je suis dès lors que j'accepte que je ne suis pas nécessairement ce que je croyais être.

Texte 1

Qu'est-ce donc que le moi ?

Un homme qui se met à la fenêtre pour voir les passants ; si je passe par là, puis-je dire qu'il s'est mis là pour me voir ? Non ; car il ne pense pas à moi en particulier ; mais celui qui aime quelqu'un à cause de sa beauté, l'aime-t-il ? Non : car la petite vérole[1], qui tuera la beauté sans tuer la personne, fera qu'il ne l'aimera plus.

Et si l'on m'aime pour mon jugement, pour ma mémoire, m'aime-t-on, *moi* ? Non, car je puis perdre ces qualités sans me perdre moi-même. Où est donc ce *moi*, s'il n'est ni dans le corps, ni dans l'âme ? et comment aimer le corps ou l'âme, sinon pour ces qualités, qui ne sont point ce qui fait le moi, puisqu'elles sont périssables ? car aimerait-on la substance de l'âme d'une personne, abstraitement, et quelques qualités qui y fussent ? Cela ne se peut, et serait injuste. On n'aime donc jamais personne, mais seulement des qualités.

Qu'on ne se moque donc plus de ceux qui se font honorer pour des charges et des offices, car on n'aime personne que pour des qualités empruntées.

PASCAL, *Pensées* (1670), éd. Brunschvicg 323, éd. Lafuma 688,
© Le Seuil, « L'intégrale », 1963, p. 591.

1. Maladie épidermique, parfois mortelle, caractérisée par une éruption de pustules aux cicatrices indélébiles.

Quelle est la thèse de ce texte ?

....

Comment pouvez-vous l'intégrer au développement de votre dissertation ?

....

....

Texte 2

Je ne sais si je dois vous entretenir des premières méditations que j'y ai faites ; car elles sont si métaphysiques et si peu communes, qu'elles ne seront peut-être pas au goût de tout le monde. Et toutefois, afin qu'on puisse juger si les fondements que j'ai pris sont assez fermes, je me trouve en quelque façon contraint d'en parler. J'avais dès longtemps remarqué que, pour les mœurs, il est besoin quelquefois de suivre des opinions qu'on sait être fort incertaines, tout de même que si elles étaient indubitables, ainsi qu'il a été dit ci-dessus ; mais, pource[1] qu'alors je désirais vaquer seulement à la recherche de la vérité, je pensai qu'il fallait que je fisse tout le contraire, et que je rejetasse, comme absolument faux, tout ce en quoi je pourrais imaginer le moindre doute, afin de voir s'il ne resterait point, après cela, quelque chose en ma créance[2], qui fût entièrement indubitable. Ainsi, à cause que nos sens nous trompent quelquefois, je voulus supposer qu'il n'y avait aucune chose qui fût telle qu'ils nous la font imaginer. Et pource qu'il y a des hommes qui se méprennent en raisonnant, même touchant les plus simples matières de géométrie, et y font des paralogismes[3], jugeant que j'étais sujet à faillir, autant qu'aucun autre, je rejetai comme fausses toutes les raisons que j'avais prises auparavant pour démonstrations. Et enfin, considérant que toutes les mêmes pensées, que nous avons étant éveillés, nous peuvent aussi venir, quand nous dormons, sans qu'il y en ait aucune, pour lors, qui soit vraie, je me résolus de feindre que toutes les choses qui m'étaient jamais entrées dans l'esprit, n'étaient non plus

1. Parce que.
2. Quelque chose que je puisse tenir pour vrai.
3. Erreurs de raisonnement.

vraies que les illusions de mes songes. Mais aussitôt après, je pris garde que, pendant que je voulais ainsi penser que tout était faux, il fallait nécessairement que moi, qui le pensais, fusse quelque chose. Et remarquant que cette vérité : *je pense, donc je suis*, était si ferme et si assurée, que toutes les plus extravagantes suppositions des sceptiques n'étaient pas capables de l'ébranler, je jugeai que je pouvais la recevoir, sans scrupule, pour le premier principe de la philosophie, que je cherchais.

DESCARTES, *Discours de la méthode* (1637),
« Le cogito », G.F., Flammarion, 2000, pp. 65-66.

Quelle est la thèse de ce texte ?

....

Comment pouvez-vous l'intégrer au développement de votre dissertation ?

....

....

Texte 3

Il la regardait ; un fragment de la fresque apparaissait dans son visage et dans son corps, que dès lors il chercha toujours à y retrouver, soit qu'il fût auprès d'Odette, soit qu'il pensât seulement à elle ; et, bien qu'il ne tînt sans doute au chef-d'œuvre florentin que parce qu'il le retrouvait en elle, pourtant cette ressemblance lui conférait à elle aussi une beauté, la rendait plus précieuse. Swann se reprocha d'avoir méconnu le prix d'un être qui eût paru adorable au grand Sandro, et il se félicita que le plaisir qu'il avait à voir Odette trouvât une justification dans sa propre culture esthétique. Il se dit qu'en associant la pensée d'Odette à ses rêves de bonheur, il ne s'était pas résigné à un pis-aller aussi imparfait qu'il l'avait cru jusqu'ici, puisqu'elle contenait en lui ses goûts d'art les plus raffinés. Il oubliait qu'Odette n'était pas plus pour cela une femme selon son désir, puisque précisément son désir avait toujours été orienté dans un sens opposé à ses goûts esthétiques. Le mot d'« œuvre florentine » rendit un grand service à Swann. Il lui permit, comme un titre, de faire pénétrer l'image d'Odette dans un monde de rêves où elle n'avait pas eu accès jusqu'ici et où elle s'imprégna de noblesse. Et, tandis que la vue purement charnelle qu'il avait eue de cette femme, en renouvelant perpétuellement ses doutes sur la qualité de son visage, de son corps, de toute sa beauté, affaiblissait son amour, ces doutes furent détruits, cet amour assuré quand il eut à la place pour base les données d'une esthétique certaine ; sans compter que le baiser et la possession qui semblaient naturels et médiocres s'ils lui étaient accordés par une chair abîmée, venant couronner l'adoration d'une pièce de musée, lui parurent devoir être surnaturels et délicieux.

Et quand il était tenté de regretter que depuis des mois il ne fît plus que voir Odette, il se disait qu'il était raisonnable de donner beaucoup de son temps à un chef-d'œuvre inestimable, coulé pour une fois dans une manière différente et particulièrement savoureuse, en un exemplaire rarissime qu'il contemplait tantôt avec l'humilité, la spiritualité et le désintéressement d'un artiste, tantôt avec l'orgueil, l'égoïsme et la sensualité d'un collectionneur.

PROUST, *Un amour de Swann*, in *Du côté de chez Swann*, Folio, pp. 264-265.

Quelle est la thèse de ce texte ?

....

Comment pouvez-vous l'intégrer au développement de votre dissertation ?

....

....

Texte 4

Un proverbe met en garde de servir deux maîtres à la fois. Le pauvre moi[1] est dans une situation encore pire, il sert trois maîtres sévères, il s'efforce de concilier leurs revendications et leurs exigences. Ces revendications divergent toujours, paraissent souvent incompatibles, il n'est pas étonnant que le moi échoue si souvent dans sa tâche. Les trois despotes sont le monde extérieur le surmoi[2] et le ça[3]. Quand on suit les efforts du moi pour les satisfaire tous en même temps, plus exactement pour leur obéir en même temps, on ne peut regretter d'avoir personnifié ce moi, de l'avoir présenté comme un être particulier. Il se sent entravé de trois côtés, menacé par trois sortes de dangers auxquels il réagit, en cas de détresse, par un développement d'angoisse. [...]

Poussé par le ça, entravé par le surmoi, rejeté par la réalité, le moi lutte pour venir à bout de sa tâche économique, qui consiste à établir l'harmonie parmi les forces et les influences qui agissent en lui et sur lui, et nous comprenons pourquoi nous ne pouvons très souvent réprimer l'exclamation : « La vie n'est pas facile ! » Lorsque le moi est contraint de reconnaître sa faiblesse, il éclate en angoisse, une angoisse réelle devant le monde extérieur, une angoisse de conscience devant le surmoi, une angoisse névrotique devant la force des passions logées dans le ça.

FREUD, *Nouvelles Conférences d'introduction à la psychanalyse*, trad. R.M. Zeitlin, Gallimard, « Folio Essais », 1984.

1. Partie du psychisme issue de l'adaptation à la réalité.
2. Partie du psychisme issue de l'intériorisation des normes et des interdits.
3. Réservoir des pulsions.

Quelle est la thèse de ce texte ?

....

Comment pouvez-vous l'intégrer au développement de votre dissertation ?

....

....

Voir aussi ► SARTRE, *L'existentialisme est un humanisme*, p. 47

SUJET 2 — Commentaire de texte

Mais derrière les souvenirs qui viennent se poser ainsi sur notre occupation présente et se révéler au moyen d'elle, il y en a d'autres, des milliers et des milliers d'autres, en bas, au-dessous de la scène illuminée par la conscience. Oui, je crois que notre vie passée est là, conservée jusque dans ses moindres détails, et que nous n'oublions rien, et que tout ce que nous avons perçu, pensé, voulu depuis le premier éveil de notre conscience, persiste indéfiniment. Mais les souvenirs que ma mémoire conserve ainsi dans ses plus obscures profondeurs y sont à l'état de fantômes invisibles. Ils aspirent peut-être à la lumière ; ils n'essaient pourtant pas d'y remonter ; ils savent que c'est impossible, et que moi, être vivant et agissant, j'ai autre chose à faire que de m'occuper d'eux. Mais supposez qu'à un moment donné je me désintéresse de la situation présente, de l'action pressante, enfin de ce qui concentrait sur un seul point toutes les activités de la mémoire. Supposez, en d'autres termes, que je m'endorme. Alors ces souvenirs immobiles, sentant que je viens d'écarter l'obstacle, de soulever la trappe qui les maintenait dans le sous-sol de la conscience, se mettent en mouvement. Ils se lèvent, ils s'agitent, ils exécutent, dans la nuit de l'inconscient, une immense danse macabre. Et, tous ensemble, ils courent à la porte qui vient de s'entrouvrir.

BERGSON, « Le rêve » (1901), *L'Énergie spirituelle*.

Méthode d'approche du texte

I Lire le texte plusieurs fois en cherchant à :

→ Repérer le thème du texte

Il s'agit d'identifier deux notions principales du texte :

- conscience et souvenirs
- conscience et rapport au temps
- conscience et mémoire

→ Repérer la thèse de l'auteur

À partir d'une phrase ou d'un passage du texte, reformuler ce que l'auteur veut démontrer.
L'inconscient conserve tous nos souvenirs là où la conscience n'en mobilise que quelques-uns.

→ Repérer la structure du texte

Vous devez trouver les parties du texte et essayer de leur donner des titres.

I. Souvenirs présents et souvenirs absents de la conscience (l. 1 à 6)
II. Les souvenirs inconscients, des archives silencieuses (l. 6 à 10)
III. Le rêve et les souvenirs refoulés (l. 10 à 17)

→ Repérer les concepts et les métaphores

Repérez les mots du texte qu'il faudra expliquer et qui renvoient à des notions philosophiques.

- **Dans la première partie :** souvenirs, conscience, mémoire, éveil, perception, éternité, métaphore théâtrale de « la scène illuminée par la conscience ».
- **Dans la deuxième partie :** obscure profondeur de l'inconscient, fantômes invisibles, désintérêt du sujet actif pour ces fantômes invisibles.
- **Dans la troisième partie :** nuit de l'inconscient (métaphore temporelle), action pressante, obstacle, activités de la mémoire, sous-sol de la conscience, immense danse macabre.

→ Identifier la problématique

Identifiez et reformulez la question que pose l'auteur à travers ce texte et à laquelle il répond.
La conscience empêche-t-elle les souvenirs de refaire surface ?
Pouvons-nous oublier notre passé ?

II Faire appel à d'autres textes pour mettre le propos de Bergson en perspective

- Proust, *À la recherche du temps perdu*, p. 18
- Freud, *Cinq Leçons sur la psychanalyse*, p. 19
- Descartes, « Le cogito », *Discours de la méthode*, p. 11

→ Lisez les textes et essayez de voir comment ils peuvent vous aider à réfléchir à la question.
→ Déterminez quels textes utiliser dans quelle partie.

Explication du texte

I Rédiger l'introduction

→ Étape 1. Partir d'une observation courante, d'un constat en accord avec le sens commun

Dans la vie courante, nous ne pensons pas sans cesse à notre passé, nous sommes mobilisés par nos impératifs futurs et nos activités présentes. Nous avons même le sentiment que pour agir, pour être efficace, il faut un peu oublier son passé.

→ Étape 2. Trouver une objection, une nuance permettant d'interroger la première observation

Pourtant, nous sommes parfois rattrapés par des souvenirs que nous pensions avoir totalement oubliés. Le présent lui-même peut faire ressurgir des souvenirs très lointains.

→ Étape 3. Poser la problématique du texte sous forme de question

Cela signifie-t-il que notre mémoire conserve tous nos souvenirs ?
Est-ce alors notre conscience présente qui fait obstacle à l'irruption de ces souvenirs ?
Pouvons-nous vraiment oublier notre passé ?

→ Étape 4. Annoncer la thèse de l'auteur dans le texte

Dans ce texte, Bergson défend la thèse que « nous n'oublions rien ». Notre mémoire serait infinie, bien que cela échappe à notre conscience.

→ Étape 5. Annoncer le plan

Dans un premier temps, Bergson opère une distinction entre les souvenirs présents accessibles et les souvenirs absents, inaccessibles, mais pourtant réels. Dans un second temps, il nous décrit le mode d'existence fantomatique des souvenirs inconscients. Enfin, il montre que le rêve permet à ces souvenirs mystérieux de refaire surface.
Après avoir expliqué ce texte, nous nous demanderons en quel sens la conscience peut ignorer certains souvenirs et par quel moyen ces derniers peuvent se manifester.

II Procéder à l'explication ordonnée du texte

I. Souvenirs présents et souvenirs absents de la conscience (l. 1 à 6)

● Bergson propose d'emblée de distinguer deux sortes de souvenirs : les souvenirs dont on se souvient et les souvenirs que l'on a oubliés. Les souvenirs présents se révèlent à partir de notre activité. En effet, nos habitudes quotidiennes nous conduisent à nous concentrer sur des choses identiques et à nous souvenir de ce qui nous est utile. Ces souvenirs utilisés par la conscience ne sont qu'une pièce détachée de « l'édifice de notre mémoire », comme l'écrivait Proust.

Bergson présente d'emblée le psychisme comme une scène de théâtre dont une partie échapperait à l'éclairage de la conscience. Ce qui se joue dans l'obscurité passe inaperçu. Les souvenirs restés dans la pénombre sont innombrables.

● Bergson énonce sa thèse selon laquelle nous n'oublions pas notre passé. Notre mémoire serait constituée de toutes les traces que l'existence a laissées en nous ; des traces aussi bien perceptives, sensibles donc, qu'intellectuelles ou réfléchies. Bergson évoque l'origine de cette mémoire qui coïnciderait avec le premier éveil de notre conscience. La conscience fait en même temps s'éveiller la mémoire, mais cette conscience paradoxalement fera obstacle ensuite au retour des souvenirs.

II. Les souvenirs inconscients, des archives silencieuses (l. 6 à 10)

● D'un côté, ma mémoire conserve tous mes souvenirs, de l'autre ma conscience ne s'en occupe pas. Il y a ainsi en nous un lieu obscur, souterrain, dans lequel les archives de notre vie seraient conservées. « L'être vivant et agissant » se projette dans l'avenir sans consacrer de temps, sans s'interroger sur ces souvenirs silencieux.

● Pour autant ces souvenirs ignorés de la conscience restent vivants, au sens où ils nous hantent comme des fantômes. Ce caractère fantomatique que Bergson leur confère, leur attribue, permet de saisir leur côté inquiétant, étrange pour notre conscience présente.

III. Le rêve et les souvenirs refoulés (l. 10 à 17)

● Dans la dernière partie, Bergson montre de quelle façon ces souvenirs inquiétants, parce qu'ignorés, peuvent rejaillir. Alors que la conscience s'endort, quelque chose se réveille en nous, quelque chose sort de l'obscurité. Bergson décrit ce temps du rêve comme « une immense danse macabre ». Il y a en effet quelque chose que l'on croyait mort, qui ressuscite lorsque nous dormons. « La nuit de l'inconscient » est donc une autre scène sur laquelle se joue le secret de notre existence. Rêver pour Bergson, c'est se souvenir de ce que notre conscience cherche à ignorer.

III Dégager l'intérêt et la portée philosophique du texte

→ Dégager l'intérêt de la thèse de l'auteur

● Dans ce texte, Bergson soutient la thèse selon laquelle l'oubli est toujours en surface. En profondeur, il y a des traces qui ne s'oublient pas. Il nous montre donc que notre rapport au passé nous échappe dans la mesure où l'activité consciente ne lui laisse que peu de place. On peut dire qu'il oppose la mémoire actuelle, liée à nos habitudes de penser, et une autre mémoire plus secrète mais plus véritable, car moins soumise aux contraintes du quotidien. Il valorise donc la pensée du rêve et cela est très nouveau dans la philosophie.

● En effet, la philosophie de la conscience met en avant le pouvoir de la conscience. Par exemple, Descartes **(voir texte 2 p. 11)** nous a montré que même si toutes nos pensées sont des rêves, il y a une pensée qui n'est pas un rêve et que je connais avec certitude : « je pense, donc je suis ». Cette découverte conduit Descartes à s'appuyer sur sa conscience pour prouver son existence. Bergson montre en revanche que notre conscience, notre « je pense », ne nous donne pas accès à la totalité de nos pensées. Notre passé qui a existé et qui existe toujours à l'état de souvenirs, échappe à notre conscience. Bergson s'intéresse donc aux rêves en tant que forme de pensée n'étant pas soumise à l'utilité présente. Notre conscience qui croit tout maîtriser, le fait en réalité au prix d'un oubli de milliers de souvenirs qu'elle cherche à réduire au silence.

→ Dégager la portée de la thèse

● Cette définition de la mémoire que Bergson nous propose, la mémoire comme mémoire inconsciente, conduit à s'intéresser à toutes les manifestations inconscientes de la mémoire. À la même époque que Bergson, la littérature elle aussi s'intéresse à la mémoire non consciente. En lisant le texte de Bergson, on peut le rapprocher de la découverte de Proust sur la mémoire **(voir texte 1 p. 18)**.

● Proust, dans son œuvre, part à la recherche du temps perdu. À travers l'écriture littéraire, il essaie de saisir un morceau du passé qui lui permettrait de saisir l'être même de l'expérience vécue, qui en révélerait la vérité. En écrivant et en se souvenant, Proust découvre la puissance commémorative des perceptions sensibles. Ainsi, trempant un jour dans son thé une petite madeleine, il éprouve une sensation étrange qui fait remonter en lui « l'édifice immense du souvenir ». Il s'aperçoit que le souvenir ne dépend pas de notre volonté mais revient à travers les perceptions, comme si aucune de nos perceptions passées ne s'effaçaient. Donc, ces perceptions qui nous ont procuré du plaisir, qui ont dessiné notre enfance, sont là, silencieuses, prêtes à revivre. Proust montre que retrouver le passé, ce n'est pas seulement revenir en arrière ou éprouver de la nostalgie, mais se retrouver soi-même, retrouver le fil de notre existence. On pourrait dire que la mémoire évoquée par Bergson permet elle aussi de partir à la recherche du temps perdu et donc de soi-même.

→ Confronter la thèse de l'auteur avec une thèse différente

- Ces souvenirs inconscients, lorsqu'ils se manifestent, sont-ils pour autant accessibles, lisibles ? Ne continuent-ils pas de nous échapper ? Nos rêves ne restent-ils pas pour nous une énigme ? **Freud**, à la même époque que Bergson, découvre l'interprétation des rêves. C'est le titre de son premier ouvrage qui paraît en 1900.

- La théorie freudienne du rêve va plus loin que la thèse de Bergson. En effet, pour Freud, le rêve, même s'il exprime quelque chose de notre passé, n'a pas de contenu clair pour la conscience s'il n'est pas interprété **(voir texte 2 p. 19)**. Nous pouvons, une fois éveillés, refouler le sens de nos rêves. Freud nous apprend que le rêve en lui-même contient un message, à condition que le patient puisse associer librement ce qui lui vient à l'esprit à propos de ce rêve. Le rêve est la manifestation déguisée d'un désir refoulé selon Freud. Puisqu'il y a déguisement, il y a encore obscurité car il y a mystère. Seule la parole peut essayer de développer le contenu latent du rêve. Pour Freud, le rêve est inquiétant car il exprime toujours un désir que la conscience ne veut pas reconnaître.

IV Rédiger la conclusion

→ Résumer en quelques phrases le sens de la thèse de l'auteur et sa portée, afin de répondre à l'introduction

Le texte de Bergson nous permet de saisir un tournant dans la pensée, à l'entrée du XXe siècle, aussi bien dans la philosophie, que dans la littérature, tournant dont témoigne l'invention de la psychanalyse. Une nouvelle conception de l'être humain et de son rapport au temps est en train d'émerger. Cette nuit de l'inconscient qu'évoque Bergson et que l'on retrouve chez Freud, déloge la conscience de sa position de maîtrise et nous invite à nous intéresser à de nouvelles formes de pensées qui échappent à la conscience.

Texte 1

Il y avait bien des années que, de Combray[1], tout ce qui n'était pas le théâtre et le drame de mon coucher, n'existait plus pour moi, quand un jour d'hiver, comme je rentrais à la maison, ma mère, voyant que j'avais froid, me proposa de me faire prendre, contre mon habitude, un peu de thé. Je refusai d'abord, et je ne sais pourquoi, me ravisai. Elle envoya chercher un de ces gâteaux courts et dodus appelés Petites Madeleines qui semblent avoir été moulés dans la valve rainurée d'une coquille Saint-Jacques. Et bientôt, machinalement, accablé par la morne journée et la perspective d'un triste lendemain, je portai à mes lèvres une cuillerée du thé où j'avais laissé s'amollir un morceau de madeleine. Mais à l'instant même où la gorgée mêlée de miettes de gâteau toucha mon palais, je tressaillis, attentif à ce qui se passait d'extraordinaire en moi. Un plaisir délicieux m'avait envahi, isolé, sans la notion de sa cause. Il m'avait aussitôt rendu les vicissitudes de la vie indifférentes, ses désastres inoffensifs, sa brièveté illusoire, de la même façon qu'opère l'amour, en me remplissant d'une essence précieuse : ou plutôt cette essence n'était pas en moi, elle était moi. J'avais cessé de me sentir médiocre, contingent[2], mortel. D'où avait pu me venir cette joie ? […]

Et tout d'un coup le souvenir m'est apparu. Ce goût, c'était celui du petit morceau de madeleine que le dimanche matin à Combray (parce que ce jour-là je ne sortais pas avant l'heure de la messe), quand j'allais lui dire bonjour dans sa chambre, ma tante Léonie m'offrait après l'avoir trempé dans son infusion de thé ou de tilleul. La vue de la madeleine ne m'avait rien rappelé avant que je n'y eusse goûté ; peut-être parce que, en ayant souvent aperçu depuis, sans en manger, sur les tablettes des pâtissiers, leur image avait quitté ces jours de Combray pour se lier à d'autres plus récents ; peut-être parce que de ces souvenirs abandonnés si longtemps hors de la mémoire, rien ne survivait, tout s'était désagrégé […]. Mais, quand d'un passé ancien rien ne subsiste, après la mort des êtres, après la destruction des choses, seules, plus frêles, mais plus vivaces, plus immatérielles, plus persistantes, plus fidèles, l'odeur et la saveur restent encore très longtemps, comme des âmes, à se rappeler, à attendre, à espérer, sur la ruine de tout le reste, à porter sans fléchir, sur leur gouttelette, presque impalpable, l'édifice immense du souvenir.

PROUST, ***À la recherche du temps perdu*****, « Du côté de chez Swann », 1913.**

1. Village d'Eure-et-Loir où l'auteur passa son enfance.
2. Fortuit, aléatoire.

Quelle est la thèse de ce texte ?

....

....

Comment pouvez-vous l'intégrer au développement de votre commentaire ?

....

....

....

Texte 2

Pour se persuader de l'existence des « idées latentes » du rêve et de la réalité de leur rapport avec le « contenu manifeste », il faut pratiquer *l'analyse des rêves*, dont la technique est la même que la technique psychanalytique dont il a été déjà question.

Elle consiste tout d'abord à faire complètement abstraction des enchaînements d'idées que semble offrir le « contenu manifeste » du rêve, et à s'appliquer à découvrir les « idées latentes », en recherchant quelles associations déclenche chacun de ses éléments. Ces associations provoquées conduiront à la découverte des idées latentes du rêveur, de même que, tout à l'heure, nous voyions les associations déclenchées par les divers symptômes nous conduire aux souvenirs oubliés et complexes du malade.

Ces « idées oniriques latentes », qui constituent le sens profond et réel du rêve, une fois mises en évidence, montrent combien il est légitime de ramener les rêves d'adultes au type des rêves enfantins. Il suffit en effet de substituer au « contenu manifeste », si abracadabrant, le sens profond, pour que tout s'éclaire : on voit que les divers détails du rêve se rattachent à des impressions du jour précédent et l'ensemble apparaît comme la réalisation d'un désir non satisfait. Le « contenu manifeste » du rêve peut donc être considéré comme la réalisation *déguisée* de désirs *refoulés*.

FREUD, *Cinq Leçons sur la psychanalyse*, trad. Y. Le Lay, Petite Bibliothèque Payot, 1990, p. 40.

Quelle est la thèse de ce texte ?

....

....

Comment pouvez-vous l'intégrer au développement de votre commentaire ?

....

....

....

Voir aussi ▶ **DESCARTES, *Discours de la méthode*, p. 11**

SUJET 3 Dissertation

« Désirer, est-ce nécessairement souffrir ? »

Méthode d'analyse du sujet

I Analyser le sujet

→ Analyser les concepts de la question

....

....

....

→ Rechercher d'autres concepts associés ou opposés au sujet

....

....

→ Comprendre comment la question est posée

....

....

....

→ Reformuler la question

....

....

II Faire appel aux textes philosophiques pour traiter le sujet

- Platon, *Le Banquet*, p. 22
- Saint Augustin, *Les Confessions*, p. 22
- Racine, *Phèdre*, p. 23
- Schopenhauer, *Le Monde comme volonté et comme représentation*, p. 24
- Freud et Breuer, *Études sur l'hystérie*, p. 24
- Épicure, *Lettre à Ménécée*, p. 51 (chapitre 2)

Développement du plan en trois parties

III Élaborer un plan

→ Identifier trois parties, en donnant à chacune d'elle un titre :

Partie 1 : La thèse :

....

....

Partie 2 : L'antithèse :

....

....

Partie 3 : La synthèse :

....

....

IV Rédiger l'introduction

→ **Étape 1. Partir d'une observation courante, d'un constat en accord avec le sens commun**

....

....

....

→ **Étape 2. Trouver une objection, une nuance permettant d'interroger la première observation**

....

....

....

→ **Étape 3. Poser la question du sujet**

....

....

....

→ **Étape 4. Reformuler la question**

....

....

....

→ **Étape 5. Annoncer le plan**

....

....

....

V Rédiger la conclusion

Montrer comment le déroulement des trois parties a permis de répondre à la question posée

....

....

....

....

....

....

SUJET 3 Les textes

Texte 1

Quand un homme, qu'il soit porté pour les garçons ou pour les femmes, rencontre celui-là même qui est sa moitié, c'est un prodige que les transports de tendresse, de confiance et d'amour dont ils sont saisis ; ils ne voudraient plus se séparer, ne fût-ce qu'un instant. Et voilà les gens qui passent toute leur vie ensemble, sans pouvoir dire d'ailleurs ce qu'ils attendent l'un de l'autre ; car il ne semble pas que ce soit le plaisir des sens qui leur fasse trouver tant de charme dans la compagnie de l'autre. Il est évident que leur âme à tous deux désire autre chose, qu'elle ne peut pas dire, mais qu'elle devine et laisse deviner.

Si, pendant qu'ils sont couchés ensemble, Héphaïstos[1] leur apparaissait avec ses outils, et leur disait : « Hommes, que désirez-vous l'un de l'autre ? » et si, les voyant embarrassés, il continuait : « L'objet de vos vœux n'est-il pas de vous rapprocher autant que possible l'un de l'autre, au point de ne vous quitter ni nuit ni jour ? Si c'est là ce que vous désirez, je vais vous fondre et vous souder ensemble, de sorte que de deux vous ne fassiez plus qu'un et qu'après votre mort, là-bas, chez Hadès[2], vous ne soyez pas deux, mais un seul, étant morts d'une commune mort. Voyez si c'est là ce que vous désirez, et si en l'obtenant vous serez satisfaits. » À une telle demande nous savons bien qu'aucun d'eux ne dirait non et ne témoignerait qu'il veut autre chose : il croirait tout bonnement qu'il vient d'entendre exprimer ce qu'il désirait depuis longtemps, c'est-à-dire de se réunir et de se fondre avec l'objet aimé et de ne plus faire qu'un au lieu de deux.

Et la raison en est que notre ancienne nature était telle et que nous étions un tout complet : c'est le désir et la poursuite de ce tout qui s'appelle l'amour[3].

PLATON, *Le Banquet*, trad. É. Chambry, G.F., Flammarion, 1987, p. 51.

1. Dieu grec du feu et des métaux. Il fabrique les armes des dieux.
2. Dieu grec des morts, il règne aux Enfers.
3. Freud réinterprétera le mythe d'Aristophane comme désir de retrouver quelque chose de la fusion avec le premier objet d'amour qu'est la mère.

Quelle est la thèse de ce texte ?

....

Comment pouvez-vous l'intégrer au développement de votre dissertation ?

....

....

Texte 2

J'ai vu et observé un petit enfant jaloux : il ne parlait pas encore et il regardait, tout pâle et l'œil mauvais, son frère de lait. Qui ignore le fait ? Les mères et les nourrices prétendent conjurer cette envie par je ne sais quels charmes. Dira-t-on que c'est innocence, lorsque la source de lait coule si abondamment, de ne point admettre au partage un frère dénué de tout et qui ne peut soutenir sa vie que par cet aliment ? On souffre ces passions avec indulgence, non qu'elles ne comptent pas et soient sans importance, mais parce qu'on croit qu'elles passeront avec l'âge. Autrement on n'aurait pas raison de les souffrir, puisqu'on ne peut les supporter chez une personne plus âgée.

SAINT AUGUSTIN, *Les Confessions*, Livre I, chap. VII, trad. J. Trabucco, G.F., Flammarion, 1993, p. 22.

Quelle est la thèse de ce texte ?

....

Comment pouvez-vous l'intégrer au développement de votre dissertation ?

....

....

Texte 3

PHÈDRE

Mon mal vient de plus loin. À peine au fils d'Égée
Sous les lois de l'hymen je m'étais engagée,
Mon repos, mon bonheur semblait être affermi,
Athènes me montra mon superbe ennemi.
Je le vis, je rougis, je pâlis à sa vue ;
Un trouble s'éleva dans mon âme éperdue ;
Mes yeux ne voyaient plus, je ne pouvais parler ;
Je sentis tout mon corps et transir et brûler.
Je reconnus Vénus et ses feux redoutables,
D'un sang qu'elle poursuit tourments inévitables.
Par des vœux assidus, je crus les détourner ;
Je lui bâtis un temple, et pris soin de l'orner ;
De victimes moi-même à toute heure entourée,
Je cherchais dans leurs flancs ma raison égarée.
D'un incurable amour remèdes impuissants !
En vain sur les autels ma main brûlait l'encens :
Quand ma bouche implorait le nom de la Déesse,
J'adorais Hippolyte ; et le voyant sans cesse,
Même au pied des autels que je faisais fumer,
J'offrais tout à ce Dieu que je n'osais nommer.
Je l'évitais partout. Ô comble de misère !
Mes yeux le retrouvaient dans les traits de son père.
Contre moi-même enfin j'osai me révolter :
J'excitai mon courage à le persécuter.
Pour bannir l'ennemi dont j'étais idolâtre,
J'affectai les chagrins d'une injuste marâtre ;
Je pressais son exil, et mes cris éternels
L'arrachèrent du sein et des bras paternels.
Je respirais, Œnone ; et depuis son absence,
Mes jours moins agités coulaient dans l'innocence.
Soumise à mon époux, et cachant mes ennuis,
De son fatal hymen je cultivais les fruits.
Vaines précautions ! Cruelle destinée !
Par mon époux lui-même à Trézène amenée,
J'ai revu l'ennemi que j'avais éloigné :
Ma blessure trop vive aussitôt a saigné,
Ce n'est plus une ardeur dans mes veines cachée :
C'est Vénus tout entière à sa proie attachée.

RACINE, *Phèdre* (1677), acte I, scène 3.

Quelle est la thèse de ce texte ?

Comment pouvez-vous l'intégrer au développement de votre dissertation ?

Texte 4

Tout vouloir procède d'un besoin, c'est-à-dire d'une privation, c'est-à-dire d'une souffrance. La satisfaction y met fin ; mais pour un désir qui est satisfait, dix au moins sont contrariés ; de plus le désir est long, et ses exigences tendent à l'infini ; la satisfaction est courte, et elle est parcimonieusement mesurée. Mais ce contentement suprême n'est lui-même qu'apparent ; le désir satisfait fait place aussitôt à un nouveau désir ; le premier est une déception reconnue, le second est une déception non encore reconnue. La satisfaction d'aucun souhait ne peut procurer de contentement durable et inaltérable. C'est comme l'aumône qu'on jette à un mendiant : elle lui sauve aujourd'hui la vie pour prolonger sa misère jusqu'à demain. Tant que notre conscience est remplie par notre volonté, tant que nous sommes asservis à l'impulsion du désir, aux espérances et aux craintes continuelles qu'il fait naître, tant que nous sommes sujets du vouloir, il n'y a pour nous ni bonheur durable, ni repos. Poursuivre ou fuir, craindre le malheur ou chercher la jouissance, c'est en réalité tout un ; l'inquiétude d'une volonté toujours exigeante, sous quelque forme qu'elle se manifeste, emplit et trouble sans cesse la conscience ; or sans repos le véritable bonheur est impossible. Ainsi le sujet du vouloir ressemble à Ixion[1] attaché sur une roue qui ne cesse de tourner, aux Danaïdes[2] qui puisent toujours pour remplir leur tonneau, à Tantale[3] éternellement altéré.

SCHOPENHAUER, *Le Monde comme volonté et comme représentation* (1818), trad. A. Burdeau, PUF, 1966, pp. 252-253.

1. Il fut puni par Zeus pour s'être uni à Héra.
2. Pour avoir assassiné leurs maris le jour de leurs noces, elles furent condamnées à remplir éternellement un tonneau percé.
3. Pour avoir donné son fils à manger aux dieux, il fut condamné à voir l'eau se tarir chaque fois qu'il cherchait à se désaltérer.

Quelle est la thèse de ce texte ?

Comment pouvez-vous l'intégrer au développement de votre dissertation ?

Texte 5

J'en reviens à Fräulein Elisabeth v. R… C'est pendant qu'elle soignait son père que se forma chez elle, pour la première fois, un symptôme hystérique[1], et cela sous la forme d'une douleur affectant une partie déterminée de la cuisse droite. L'analyse permit suffisamment d'expliquer le mécanisme de ce symptôme.

Le processus s'était déroulé à un moment où il y avait conflit entre le cercle de ses représentations relatives à ses devoirs de garde-malade et le contenu, à cette même époque, de ses désirs érotiques. Se reprochant amèrement ces derniers, elle choisit la première alternative, et ce faisant, créa la douleur hystérique. Si nous nous en rapportons à notre façon de concevoir le phénomène de conversion de l'hystérie, les choses se présentèrent de la manière suivante : elle avait refoulé hors de son conscient la représentation érotique et transformé toute la charge affective de celle-ci en sensations physiques douloureuses. Nous ne fûmes pas en mesure de déterminer si ce premier conflit s'était produit une seule ou plusieurs fois, probablement s'était-il répété.

Un conflit tout à fait analogue, d'une importance morale bien plus grande, et qui fut mieux mis en lumière par l'analyse, se produisit quelques années plus tard et entraîna une aggravation des douleurs et leur extension au-delà des limites d'abord posées. Il s'agissait, cette fois encore, d'un ensemble de représentations érotiques en conflit avec toutes ses conceptions morales. En fait, l'objet de son inclination était son beau-frère et, aussi bien du vivant de sa sœur qu'après la disparition de celle-ci, l'idée de désirer justement cet homme-là lui semblait inacceptable. L'analyse donne de ce conflit, point dominant de l'observation, une description détaillée. Le penchant de la malade pour son beau-frère pouvait avoir germé en elle depuis longtemps, mais il se trouva favorisé par le surmenage physique dû à son travail renouvelé de garde-malade, à son épuisement moral, conséquence des déceptions subies des années durant. Sa pruderie intérieure commença à se dissiper et elle s'avoua à elle-même son besoin d'être aimée d'un homme. La fréquentation de son beau-frère pendant plusieurs semaines (dans la ville d'eaux) aboutit au point culminant des tendances érotiques en même temps qu'à celui des douleurs. En ce qui concerne cette époque, l'analyse montre qu'il existe, chez la malade, un état psychique particulier dont les rapports à l'inclination et les douleurs semblent rendre possible la compréhension de ce processus suivant la théorie de la conversion.

FREUD et BREUER, ***Études sur l'hystérie*****, trad. A. Berman, PUF, 1996, p. 131.**

1. L'hystérie (du grec *hustera*, utérus) était autrefois rattachée à un érotisme féminin supposé morbide. Cette affection est une classe de névroses dont les tableaux cliniques sont fort variés. Dans cet état pathologique, le malade est suggestible et peut simuler des infirmités.

Quelle est la thèse de ce texte ?

....

Comment pouvez-vous l'intégrer au développement de votre dissertation ?

....

....

Voir aussi ▶ ÉPICURE, *Lettre à Ménécée*, p. 51

SUJET 4 Commentaire de texte

Un homme a beau chercher par tous les artifices à représenter une action illégitime, qu'il se rappelle avoir commise, comme une erreur involontaire, comme une de ces négligences qu'il est impossible d'éviter entièrement, c'est-à-dire comme une chose où il a été entraîné par le torrent de la nécessité naturelle, et se déclarer ainsi innocent, il trouve toujours que l'avocat qui parle en sa faveur ne peut réduire au silence la voix intérieure qui l'accuse, s'il a conscience d'avoir été dans son bon sens, c'est-à-dire d'avoir eu l'usage de sa liberté au moment où il a commis cette action injuste ; et, quoiqu'il *s'explique* sa faute par une mauvaise habitude, qu'il a insensiblement contractée en négligeant de veiller sur lui-même, et qui en est venue à ce point que cette faute en peut être considérée comme la conséquence naturelle, il ne peut pourtant se mettre en sécurité contre les reproches et le blâme qu'il s'adresse à lui-même.

KANT, *Critique de la raison pratique.*

Méthode d'approche du texte

I Lire le texte plusieurs fois en cherchant à :

→ **Repérer le thème du texte**

→ **Repérer la thèse**

→ **Repérer la structure du texte**

→ **Reconnaître les concepts philosophiques**

→ **Formuler la problématique**

II Faire appel à d'autres textes pour mettre le texte de Kant en perspective

- Aristote, *Éthique à Nicomaque*, p. 38 (chapitre 2)
- Locke, *Essai sur l'entendement humain*, p. 29
- Freud, *Nouvelles Conférences sur la psychanalyse*, p. 29
- Sartre, *L'existentialisme est un humanisme*, p. 30

Explication du texte

I Rédiger l'introduction

→ Étape 1. Partir d'une observation courante, d'un constat en accord avec le sens commun

....

....

....

....

→ Étape 2. Trouver une objection, une nuance permettant d'interroger la première observation

....

....

....

→ Étape 3. Poser la problématique du texte sous forme de question

....

....

....

....

→ Étape 4. Annoncer la thèse de l'auteur dans le texte

....

....

....

....

→ Étape 5. Annoncer le plan

....

....

....

II Procéder à une explication ordonnée du texte

I ....

....

....

II

III

III Dégager l'intérêt et la portée philosophique du texte

→ **Dégager l'intérêt de la thèse de l'auteur**

→ **Dégager la portée de la thèse**

→ **Confronter la thèse de l'auteur avec une thèse différente**

IV Rédiger la conclusion

Résumer en quelques phrases le sens de la thèse de l'auteur et sa portée, afin de répondre à l'introduction

Texte 1

Mais l'homme saoul et l'homme dessaoulé ne sont-ils pas la même personne ? Autrement, pourquoi serait-il puni pour les faits qu'il a commis quand il était saoul, alors qu'il n'en sera plus jamais conscient par la suite ?

Il est la même personne, comme un somnambule est la même personne et donc responsable de tout méfait qu'il commettrait pendant son sommeil : dans les deux cas, les lois humaines punissent selon une justice qui dépend de ce qu'elles peuvent connaître ; ici, elles ne peuvent avec certitude faire la différence entre ce qui est réel et ce qui est contrefait, et quand on a été ivre ou endormi, l'ignorance ne peut être une excuse. Certes, la punition est liée à la personnalité, et la personnalité à la conscience ; or l'ivrogne n'a peut-être pas été conscient de ce qu'il faisait ; les tribunaux humains le puniront cependant à juste titre, car le fait plaide contre lui, mais le manque de conscience ne peut plaider en sa faveur. Au dernier jour au contraire, quand les secrets de tous les cœurs seront manifestés, on peut penser avec raison que personne ne sera tenu pour responsable de ce qu'il ignore totalement ; il recevra son jugement selon que sa conscience l'accuse ou l'excuse.

LOCKE, *Essai sur l'entendement humain*, II, 27, § 22, trad. J.-M. Vienne, © Librairie philosophique J. Vrin, 2001, pp. 535-536.

Quelle est la thèse de ce texte ?

....

Comment pouvez-vous l'intégrer au développement de votre commentaire ?

....

....

Texte 2

Même si la conscience est quelque « chose » en nous, elle n'y est quand même pas dès le départ. Elle se trouve vraiment en opposition avec la vie sexuelle qui est réellement là depuis le début de la vie et qui ne s'y ajoute pas simplement par la suite. Le petit enfant est, comme on sait, amoral, il ne possède pas d'inhibitions internes à ses impulsions qui aspirent au plaisir. Le rôle qu'assumera plus tard le surmoi est d'abord joué par une puissance extérieure, par l'autorité parentale. L'influence des parents gouverne l'enfant par l'octroi de preuves d'amour et par la menace de punitions qui prouvent à l'enfant la perte d'amour et qui doivent être redoutées en elle-même.

Cette angoisse devant un danger réel est le précurseur de l'angoisse morale ultérieure ; aussi longtemps qu'elle domine, on n'a pas besoin de parler de surmoi et de conscience. Ce n'est que par la suite que se forme la situation secondaire, que nous considérons trop volontiers comme normale, où l'empêchement extérieur est intériorisé, où le surmoi prend la place de l'instance parentale et où il observe, dirige et menace désormais le moi exactement comme les parents le faisaient auparavant avec l'enfant.

Le surmoi qui prend ainsi possession du pouvoir, du travail et même des méthodes de l'instance parentale n'est cependant pas seulement le successeur de droits mais réellement l'héritier naturel légitime de cette dernière. Il en procède directement, nous verrons bientôt par quel processus. Au préalable, toutefois, il nous faut encore nous attarder sur une discordance qui les sépare. Le surmoi semble, dans un choix unilatéral, n'avoir repris que la dureté et la sévérité des parents, leur fonction d'interdiction et de punition, alors que leur sollicitude pleine d'amour ne trouve ni accueil ni continuation.

FREUD, ***Nouvelles Conférences sur la psychanalyse (1915-1917)*****, trad. R.-H. Zeitlin, © Gallimard, « Idées », 1989, pp. 84-85.**

Quelle est la thèse de ce texte ?

....

Comment pouvez-vous l'intégrer au développement de votre commentaire ?

....

....

Texte 3

Ce que nous voulons dire, c'est qu'un homme n'est rien d'autre qu'une série d'entreprises, qu'il est la somme, l'organisation, l'ensemble des relations qui constituent ces entreprises.

Dans ces conditions, ce qu'on nous reproche là, ce n'est pas au fond notre pessimisme, mais une dureté optimiste. Si les gens nous reprochent nos œuvres romanesques dans lesquelles nous décrivons des êtres veules, faibles, lâches et quelquefois même franchement mauvais, ce n'est pas uniquement parce que ces êtres sont veules, faibles, lâches ou mauvais : car si, comme Zola, nous déclarons qu'ils sont ainsi à cause de l'hérédité, à cause de l'action du milieu, de la société, à cause d'un déterminisme organique ou psychologique[1], les gens seraient rassurés, ils diraient : voilà, nous sommes comme ça, personne ne peut rien y faire ; mais l'existentialisme[2], lorsqu'il décrit un lâche, dit que ce lâche est responsable de sa lâcheté. Il n'est pas comme ça parce qu'il a un cœur, un poumon ou cerveau de lâche, il n'est pas comme ça à partir d'une organisation physiologique mais il est comme ça parce qu'il est construit comme lâche par ses actes. Il n'y a pas de tempérament lâche ; il y a des tempéraments nerveux, il y a du sang pauvre, comme disent les bonnes gens, ou des tempéraments riches ; mais l'homme qui a un sang pauvre n'est pas un lâche pour autant, car ce qui fait la lâcheté, c'est l'acte de renoncer ou de céder, un tempérament n'est pas un acte ; le lâche est défini à partir de l'acte qu'il a fait. Ce que les gens sentent obscurément et qui leur fait horreur, c'est que le lâche que nous présentons est coupable d'être lâche. Ce que les gens veulent, c'est qu'on naisse lâche ou héros.

SARTRE, ***L'existentialisme est un humanisme*** **(1946), Gallimard, pp. 58-60.**

1. Cause corporelle ou mentale qui serait à l'origine de l'action humaine selon un principe de causalité.
2. Partisan de l'existentialisme, doctrine selon laquelle l'existence de l'homme ne peut se définir en dehors d'un choix humain.

Quelle est la thèse de ce texte ?

....

Comment pouvez-vous l'intégrer au développement de votre commentaire ?

....

....

2

La morale

La liberté
Le devoir
Le bonheur

Les enjeux philosophiques

La **morale**, c'est un savoir particulier qui permettrait de bien agir, de connaître le bien et le mal, de faire en sorte d'agir selon certaines valeurs que nous considérons comme légitimes.

Mais il ne suffit pas de suivre un code de bonne conduite pour agir moralement. Il ne suffit pas d'obéir à n'importe quelle règle pour être certain d'avoir bien agi. La morale suppose un sujet capable de s'interroger sur ses actes et sur ses devoirs, un sujet conscient de ses responsabilités. Elle suppose que faire son **devoir** puisse être un acte de liberté et non pas seulement un acte de soumission. Elle suppose donc que nous puissions, en tant que sujets, choisir d'obéir ou de résister afin d'affirmer notre **liberté**.

Mais être libre, c'est aussi savoir être libre avec d'autres et élaborer ensemble les conditions d'une liberté en commun. Ce n'est donc pas songer uniquement à sa propre satisfaction immédiate ; c'est se soucier du monde dans lequel nous nous construisons avec d'autres et se préoccuper de ce que nous souhaitons transmettre aux générations futures.

Aujourd'hui, le **bonheur** semble être la valeur morale qui l'a emporté sur la liberté, comme si nous avions oublié que la liberté est la condition du bonheur et que sans liberté, le bonheur ressemble à l'esclavage. Ainsi, la recherche du bonheur ne suffit pas toute seule à fonder une morale et nous devons savoir comment défendre notre liberté si nous voulons pouvoir continuer à chercher comment nous voulons être heureux.

SUJET 1 Dissertation

« Le bien et le mal sont-ils des valeurs conventionnelles ? »

Méthode d'analyse du sujet

I Analyser le sujet

Analyser les concepts de la question

– le **bien** et le **mal** : critères de la morale.

– des **valeurs** conventionnelles : valeurs issues des conventions sociales, des règles, des traditions, des coutumes, des mœurs, valeurs établies par la société.

– **convention :** accord entre les hommes pour poser certaines valeurs.

Rechercher d'autres concepts associés ou opposés au sujet

– conscience morale, jugement moral, raison pratique.

– valeurs innées ou valeurs acquises, dépendantes de l'éducation.

– valeurs naturelles, valeurs religieuses, valeurs culturelles.

Ce sujet invite donc à réfléchir sur les rapports entre la société, la morale, la religion.

Comprendre comment la question est posée

« Le » bien et « le » mal : le singulier semble indiquer qu'il existe un bien et un mal universels et absolus.

« Des » valeurs conventionnelles : le pluriel et l'indéfini invitent plutôt à faire du bien et du mal des valeurs relatives, pouvant varier d'une culture à l'autre, des valeurs dépendantes d'un contexte.

Reformuler la question

– Les valeurs morales dépendent-elles des cultures ou fondent-elles la culture ?

– Existe-t-il un bien et un mal reconnus par toute l'humanité ?

– Le bien et le mal sont-ils déterminés par la société ou par la raison ?

– Peut-on savoir ce qui est bien sans l'avoir appris ?

II Faire appel aux textes philosophiques pour traiter le sujet

– Lévi-Strauss, *Les Structures élémentaires de la parenté*, p. 35

– Rousseau, *Émile ou de l'éducation*, p. 35 ; *Du contrat social*, p. 46

– Kant, *La Philosophie de l'histoire*, p. 36

– Hannah Arendt, *Eichmann à Jérusalem, Rapport sur la banalité du mal*, p. 37

– Sartre, *L'existentialisme est un humanisme*, p. 47

Lisez les textes et essayez de voir comment ils peuvent vous aider à réfléchir à la question.

Déterminez quels textes utiliser dans quelle partie.

III Élaborer un plan

Vous devez construire votre dissertation en trois parties : la thèse, l'antithèse et la synthèse.

- **La thèse** (I) est la réponse la plus immédiate à la question posée. C'est une phrase affirmative.
- **L'antithèse** (II) émet une objection à la thèse. C'est une phrase qui commence par « pourtant », « cependant », « mais ».
- **La synthèse** (III) est la réponse la plus intéressante trouvée à la question : elle propose une définition du concept majeur de la question en intégrant les apports de la thèse et de l'antithèse.

I. Le bien et le mal sont des valeurs relatives à chaque culture.

II. Le bien et le mal sont des valeurs rationnelles, remettant en question les conventions sociales.

III. Existe-t-il des conventions universelles ?

IV Rédiger l'introduction

Vous devez respecter les cinq étapes suivantes :

→ Étape 1. Partir d'une observation courante, d'un constat en accord avec le sens commun

Toutes les sociétés ont besoin de poser des normes permettant de distinguer le bien du mal.

→ Étape 2. Trouver une objection, une nuance permettant d'interroger la première observation

Cependant, si on réduit les valeurs morales à des valeurs sociales, on ne peut plus penser un bien et un mal qui auraient une valeur universelle.

→ Étape 3. Poser la question du sujet

Le bien et le mal sont-il des valeurs conventionnelles ?

→ Étape 4. Reformuler la question

Notre conscience morale dépend-elle des conventions sociales ?
Suffit-il de se soumettre aux conventions pour agir moralement ?

→ Étape 5. Annoncer le plan

Nous verrons tout d'abord dans quel sens le bien et le mal sont des valeurs conventionnelles, c'est-à-dire des valeurs relatives à chaque culture. Ensuite, nous verrons pourquoi le bien et le mal peuvent être conçus comme des valeurs rationnelles, remettant en question les conventions sociales. Et enfin, nous nous demanderons pourquoi les hommes ont eu besoin dans l'histoire de poser des conventions valables pour toute l'humanité.

Développement du plan en trois parties

I. Une thèse : Le bien et le mal sont des valeurs relatives à chaque culture

● Comme l'écrivait Dostoïevski, « Si Dieu n'existait pas, tout serait permis » (voir texte 3 p. 47 de Sartre). Il signifiait par là que si le bien et le mal ne sont plus des valeurs religieuses, transcendantes, ils n'ont plus le même pouvoir sur les conduites humaines. Ils deviennent des valeurs relatives à chaque groupe humain, à chaque société, et par conséquent pouvant être remises en question. En effet, si Dieu ne dicte plus aux hommes ce qui est bien et ce qui est mal, il ne reste plus aux hommes qu'à établir par des conventions ce qu'ils jugent bien ou mal.

● L'ethnocentrisme occidental nous a montré comment les Européens s'étaient servis de la religion et d'une notion absolue du bien et du mal pour condamner les peuples non chrétiens. Poser le bien et le mal comme des valeurs conventionnelles nous introduit à plus de tolérance à l'égard des autres cultures et à l'idée que chaque peuple développe ses règles morales.

● Aucun peuple n'a le droit de juger les autres cultures à partir de ses propres valeurs. Comme l'a montré l'anthropologue Claude Lévi-Strauss (voir texte 1 p. 35), la seule valeur morale propre à toutes les cultures, c'est la prohibition de l'inceste. Les autres sont relatives, et dépendent de la religion, des mœurs, de l'histoire, des traditions, propres à chaque peuple.

II. Une antithèse : Le bien et le mal sont des valeurs rationnelles, remettant en question les conventions sociales

● Cependant, l'avènement du sujet libre dans l'histoire occidentale a conduit à rendre la morale de plus en plus indépendante des conventions sociales. Le bien et le mal deviennent des valeurs que chacun porte en lui-même grâce à sa raison. Comme nous l'a appris Descartes, tout homme pense, tout homme est doué de conscience. Donc le bien et le mal, avec la révolution démocratique, deviennent affaire de jugement individuel. Chaque homme est capable de porter un jugement moral sur ses actes et ceux d'autrui, sans avoir besoin de s'en remettre à une autorité extérieure lui indiquant ce qui est bien et ce qui est mal.

- **Rousseau** définit ainsi la conscience comme « un principe inné de justice et de vertu », **(voir texte 2 p. 35)** qui nous permet justement de remettre en question les valeurs conventionnelles de la société. Pour Rousseau, ce n'est pas parce qu'une valeur est établie par la société qu'elle a une légitimité morale. L'individu a donc les moyens de critiquer les valeurs conventionnelles grâce à sa propre conscience. Ainsi, Rousseau critiquera l'inégalité établie dans la société de l'Ancien Régime en faisant valoir des valeurs morales naturelles comme l'égalité et la justice.

- **Kant** montrera que non seulement le bien et le mal ne sont pas des valeurs conventionnelles, mais aussi que respecter les conventions n'est pas en soi nécessairement un acte moral **(voir texte 3 p. 36)**. Agir par devoir, ce n'est pas seulement agir conformément au devoir. Il ne suffit pas de rendre correctement la monnaie à un enfant lorsqu'on est commerçant pour agir moralement. Cette conduite peut être parfaitement intéressée et n'avoir aucun motif moral. Donc se soumettre aux conventions, c'est avoir une conduite adaptée à certains intérêts, mais ce n'est pas nécessairement agir bien.

- Le bien et le mal, pour Kant, sont des valeurs qui relèvent de la raison, et non de la société. Ce qui est bien, c'est d'agir de façon désintéressée en respectant le point de vue de l'humanité entière, c'est-à-dire en agissant comme si toute l'humanité nous voyait et pouvait juger nos actes.

III. Une synthèse : Existe-t-il des conventions universelles ?

Finalement, qu'est-ce qu'une convention ?

- Une convention est un accord entre les hommes permettant de poser une règle commune. **Rousseau**, dans *Le Contrat social* **(voir texte 1 p. 46)**, affirme qu'« aucun homme n'a une autorité naturelle sur son semblable » et que par conséquent, toute autorité provient nécessairement d'une convention. Bien que les valeurs morales puissent être relatives à chaque culture, il n'en reste pas moins que l'humanité a besoin d'une convention morale au-delà de la diversité culturelle.

- Quelles que soient nos traditions, nos croyances, notre culture, nous devons respecter les droits de l'humanité. Il nous faut une idée du bien qui permette de juger les sociétés qui ne respectent pas les Droits de l'homme. Ainsi, la notion juridique de « crimes contre l'humanité », élaborée après la Seconde Guerre mondiale, a posé l'idée d'un bien et d'un mal universel, s'appliquant à toute l'humanité.

- Les criminels nazis auraient bien voulu faire reconnaître le caractère conventionnel du bien et du mal, car ils avaient obéi aux ordres et donc aux conventions de leur pays totalitaire **(voir le texte 4 p. 37)** de **Hannah Arendt**). Et bien justement, si l'homme est un sujet libre, c'est qu'il est aussi responsable du bien et du mal qu'il fait et il doit donc se servir de sa propre conscience pour examiner la valeur de ses actes.

V Conclusion

→ Montrer comment le déroulement des trois parties a permis de répondre à la question posée

Dans une première partie, nous avons vu en quel sens le bien et le mal pouvaient être des valeurs conventionnelles dès lors que chaque culture pouvait promouvoir à sa façon ces valeurs. Dans une seconde partie, nous avons vu que néanmoins l'individu libre et responsable revendiquait un droit de pouvoir juger à partir de sa propre raison du bien et du mal, et donc que le bien et le mal étaient des valeurs rationnelles. Enfin, nous avons montré qu'il était nécessaire de poser une notion de bien et de mal universelle, indépendante des normes sociales.

Texte 1

Partout où la règle se manifeste, nous savons avec certitude être à l'étage de la culture. Symétriquement, il est aisé de reconnaître dans l'universel le critérium[1] de la nature. Car ce qui est constant chez tous les hommes échappe nécessairement au domaine des coutumes, des techniques et des institutions par lesquelles leurs groupes se différencient et s'opposent. [...] Posons donc que tout ce qui est universel, chez l'homme, relève de l'ordre de la nature et se caractérise par la spontanéité, que tout ce qui est astreint à une norme appartient à la culture et présente les attributs du relatif et du particulier. Nous nous trouvons alors confrontés avec un fait, ou plutôt un ensemble de faits, qui n'est pas loin, à la lumière des définitions précédentes, d'apparaître comme un scandale : nous voulons dire cet ensemble complexe de croyances, de coutumes, de stipulations et d'institutions que l'on désigne sommairement sous le nom de prohibition de l'inceste[2]. Car la prohibition de l'inceste présente sans la moindre équivoque, et indissolublement réunis, les deux caractères où nous avons reconnu les attributs contradictoires de deux ordres exclusifs : elle constitue une règle, mais une règle qui, seule entre toutes les règles sociales, possède en même temps un caractère d'universalité. Que la prohibition de l'inceste constitue une règle n'a guère besoin d'être démontré ; il suffira de rappeler que l'interdiction du mariage entre proches parents peut avoir un champ d'application variable selon la façon dont chaque groupe définit ce qu'il entend par proche parent ; mais cette interdiction, sanctionnée par des pénalités sans doute variables, et pouvant aller de l'exécution immédiate des coupables à la réprobation diffuse, parfois seulement à la moquerie, est toujours présente dans n'importe quel groupe social.

1. Caractère, signe qui permet de distinguer une chose.
2. Interdit portant sur la sexualité entre membres d'une même famille.

LÉVI-STRAUSS, *Les Structures élémentaires de la parenté*, PUF,

Quelle est la thèse de ce texte ?

....

Comment pouvez-vous l'intégrer au développement de votre dissertation ?

....

....

Texte 2

Jetez les yeux sur toutes les nations du monde, parcourez toutes les histoires. Parmi tant de cultes inhumains et bizarres, parmi cette prodigieuse diversité de mœurs et de caractères, vous trouverez partout les mêmes idées de justice et d'honnêteté, partout les mêmes notions de bien et de mal.

L'ancien paganisme[1] enfanta des dieux abominables, qu'on eût punis ici-bas comme des scélérats, et qui n'offraient pour tableau du bonheur suprême que des forfaits à commettre et des passions à contenter. Mais le vice, armé d'une autorité sacrée, descendait en vain du séjour éternel, l'instinct moral le repoussait du cœur des humains. [...] La sainte voix de la nature, plus forte que celle des dieux, se faisait respecter sur la terre, et semblait reléguer dans le ciel le crime avec les coupables.

Il est donc au fond des âmes un principe inné[2] de justice et de vertu, sur lequel, malgré nos propres maximes, nous jugeons nos actions et celles d'autrui comme

1. Nom donné aux cultes polythéistes de l'antiquité gréco-romaine.
2. Un point de départ non acquis, mis en nous par Dieu même.

bonnes ou mauvaises, et c'est à ce principe que je donne le nom de conscience[3]. [...] Les actes de la conscience ne sont pas des jugements[4], mais des sentiments[5]. Quoique toutes nos idées nous viennent du dehors, les sentiments qui les apprécient sont au-dedans de nous, et c'est par eux seuls que nous connaissons la convenance ou disconvenance qui existe entre nous et les choses que nous devons respecter ou fuir. [...]

Conscience ! conscience ! instinct divin, immortelle et céleste voix ; guide assuré d'un être ignorant et borné, mais intelligent et libre ; juge infaillible du bien et du mal, qui rends l'homme semblable à Dieu, c'est toi qui fais l'excellence de sa nature et la moralité de ses actions ; sans toi je ne sens rien en moi qui m'élève au-dessus des bêtes, que le triste privilège de m'égarer d'erreurs en erreurs à l'aide d'un entendement sans règle et d'une raison sans principe.

ROUSSEAU, *Émile ou de l'Éducation*, Naigeon (également *Émile*, Garnier, p. 351).

3. Ici, propriété que possède l'esprit humain de porter des évaluations morales de manière spontanée.
4. Des opérations intellectuelles de l'esprit déterminant des rapports.
5. Force d'origine spirituelle, caractérisée par sa dimension immédiate et intuitive.

Quelle est la thèse de ce texte ?

....

Comment pouvez-vous l'intégrer au développement de votre dissertation ?

....

....

....

Texte 3

Qu'est-ce que les Lumières ? *La sortie de l'homme de sa Minorité, dont il est lui-même responsable. Minorité*, c'est-à-dire incapacité à se servir de son entendement sans la direction d'autrui, minorité *dont il est lui-même responsable*, puisque la cause réside non dans un défaut de l'entendement, mais dans un manque de décision et de courage de s'en servir sans la direction d'autrui. *Sapere aude*[1] ! Aie le courage de te servir de ton propre entendement. Voilà la devise des Lumières.

La paresse et la lâcheté sont les causes qui expliquent qu'un si grand nombre d'hommes, après que la nature les a affranchis depuis longtemps d'une direction étrangère (*naturaliter maiorennes*[2]), restent cependant volontiers, leur vie durant, mineurs, et qu'il soit si facile à d'autres de se poser en tuteurs des premiers. Il est si aisé d'être mineur ! Si j'ai un livre, qui me tient lieu d'entendement, un directeur, qui me tient lieu de conscience, un médecin, qui décide pour moi de mon régime, etc., je n'ai vraiment pas besoin de me donner de peine moi-même. Je n'ai pas besoin de penser, pourvu que je puisse payer ; d'autres se chargeront bien de ce travail ennuyeux. Que la grande majorité des hommes (y compris le sexe faible tout entier) tienne aussi pour très dangereux ce pas en avant vers leur majorité, outre que c'est une chose pénible, c'est ce à quoi s'emploient fort bien les tuteurs qui, très aimablement, ont pris sur eux d'exercer une haute direction sur l'humanité.

1. Ose savoir.
2. Les plus anciens.

KANT, *Réponse à la question : Qu'est-ce que « les Lumières » ?* in *La Philosophie de l'histoire*, trad. S. Piobetta, © Éditions Denoël, 1986, pp. 46-47.

Quelle est la thèse de ce texte ?

....

Comment pouvez-vous l'intégrer au développement de votre dissertation ?

....

....

....

Texte 4

La différence entre un ordre et la parole du Führer[1], c'est que la validité d'un ordre est limitée dans le temps, dans l'espace, alors que la parole du Führer ne l'est pas. C'est pourquoi l'ordre du Führer ne l'est pas. C'est pourquoi l'ordre du Führer concernant la Solution finale[2] fut suivi d'une pléthore de règles et de directives, toutes élaborées par des avocats spécialisés et des conseillers juridiques, et non par des administrateurs. Contrairement aux ordres ordinaires, cet ordre était considéré comme une loi. Inutile d'ajouter que ce fatras juridique n'est pas seulement un symptôme de la pédanterie, ni de la manie de la perfection, propres aux Allemands. Il avait sa raison d'être : donner à toute l'affaire une apparence de légalité.

Dans les pays civilisés, la loi suppose que la conscience de chacun lui dise : « Tu ne tueras point », même si chacun a, de temps à autre, des penchants ou des désirs meurtriers. Par contre, la loi du pays de Hitler exigeait que la conscience de chacun lui dise : « Tu tueras », même si les organisateurs de massacres savaient parfaitement que le meurtre va à l'encontre des penchants et des désirs de la plupart des gens. Dans le Troisième Reich, le mal avait perdu cet attribut par lequel on le reconnaît généralement : celui de la tentation. De nombreux Allemands, de nombreux nazis, peut-être même l'immense majorité d'entre eux, ont dû être tentés de *ne pas* tuer, de *ne pas* voler, de *ne pas* laisser leurs voisins partir pour la mort (car ils savaient, naturellement, que c'était là le sort réservé aux Juifs, même si nombre d'entre eux ont pu ne pas en connaître les horribles détails) et de *ne pas* devenir les complices de ces crimes en en bénéficiant. Mais Dieu sait qu'ils ont vite appris à résister à la tentation.

Hannah ARENDT, *Eichmann à Jérusalem, Rapport sur la banalité du mal*, trad. A. Guérin, © Gallimard, « Folio Histoire », 1991, pp. 244-245.

1. Hitler (le leader).
2. Décision prise par les nazis en 1942 d'exterminer tous les juifs d'Europe.

Quelle est la thèse de ce texte ?

....

Comment pouvez-vous l'intégrer au développement de votre dissertation ?

....

....

....

Voir aussi ▶ ROUSSEAU, *Du contrat social,* p. 46
▶ SARTRE, *L'existentialisme est un humanisme,* p. 47

SUJET 2 Commentaire de texte

Les méchants recherchent la société d'autres personnes avec lesquelles ils passeront leurs journées, mais ils se fuient eux-mêmes, car seuls avec eux-mêmes ils se ressouviennent d'une foule d'actions qui les accablent et prévoient qu'ils en commettront à l'avenir d'autres semblables, tandis qu'au contraire la présence de compagnons leur permet d'oublier. De plus, n'ayant en eux rien d'aimable, ils n'éprouvent aucun sentiment d'affection pour eux-mêmes. Par suite, de tels hommes demeurent étrangers à leurs propres joies et à leurs propres peines, car leur âme est déchirée par les factions : l'une de ses parties, en raison de sa dépravation, souffre quand l'individu s'abstient de certains actes, tandis que l'autre partie s'en réjouit ; l'une tire dans un sens et l'autre dans un autre, mettant ces malheureux pour ainsi dire en pièces. Et s'il n'est pas strictement possible qu'ils ressentent dans un même moment du plaisir et de la peine, du moins leur faut-il peu de temps pour s'affliger d'avoir cédé au plaisir et pour souhaiter que ces jouissances ne leur eussent jamais été agréables : car les hommes vicieux sont chargés de regrets.

Ainsi donc, il est manifeste que l'homme pervers[1] n'a même pas envers lui-même de dispositions affectueuses, parce qu'il n'a en lui rien qui soit aimable. Si dès lors un pareil état d'esprit est le comble de la misère morale, nous devons fuir la perversité de toutes nos forces et essayer d'être d'honnêtes gens : ainsi pourrons-nous à la fois nous comporter en ami avec nous-même et devenir un ami pour un autre.

ARISTOTE, *Éthique à Nicomaque.*

1. Dans ce texte, Aristote définit le pervers comme celui dont une partie de l'âme est dépravée, c'est-à-dire éprouve du plaisir à faire le mal.

Méthode d'approche du texte

I Lire le texte plusieurs fois en cherchant à :

→ Repérer le thème du texte

Il s'agit d'identifier deux notions principales du texte :

– méchanceté et misère morale

– perversité et malheur

→ Repérer la thèse de l'auteur

À partir d'une phrase ou d'un passage du texte, reformuler ce que l'auteur veut démontrer.

« La perversité mène à la misère morale ».

Le méchant ne peut être heureux. Il est d'abord méchant envers lui-même. La perversité entraîne la détestation de soi-même.

→ Repérer la structure du texte

Vous devez trouver les parties du texte et essayer de leur donner des titres.

I. Le méchant et autrui (l. 1 à 5)

II. La solitude malheureuse du méchant (l. 5 à 14)

III. Amitié et inimitié (l. 15 à 19)

→ Repérer les concepts et les métaphores

Repérez les mots du texte qu'il faudra expliquer et qui renvoient à des notions philosophiques.

• **Dans la première partie :** rapport à autrui/rapport à soi (fuite de soi), culpabilité, solitude, oubli de soi/souvenir de ses actes.

- **Dans la deuxième partie :** amour de soi/respect de soi, conflit de l'âme, plaisir/souffrance, dépravation/volonté, raison, vice/vertu.
- **Dans la troisième partie :** misère morale/honnêteté, amitié.

→ Identifier la problématique

Identifiez et reformulez la question que pose l'auteur à travers ce texte et à laquelle il répond.
Le méchant peut-il prétendre au bonheur ?
Être méchant, est-ce nécessairement être malheureux ?
Peut-on être méchant avec autrui et s'aimer soi-même ?
Peut-on ne pas souffrir de sa propre méchanceté ?

II Faire appel à d'autres textes pour mettre le propos de Aristote en perspective

- Aristote, *Éthique à Nicomaque*, p. 42
- Saint Augustin, *Les Confessions*, p. 42
- Kant, *Fondements de la métaphysique des mœurs*, p. 43
- Rousseau, *Émile ou de l'éducation*, p. 35

→ **Lisez les textes et essayez de voir comment ils peuvent vous aider à réfléchir à la question.**
→ **Déterminez quels textes utiliser dans quelle partie.**

Explication du texte

I Rédiger l'introduction

→ Étape 1. Partir d'une observation courante, d'un constat en accord avec le sens commun

« Nul n'est méchant volontairement ». Ce précepte de Socrate indique que l'homme ne peut pas rechercher le mal pour lui-même mais qu'il le commet par ignorance.

→ Étape 2. Trouver une objection, une nuance permettant d'interroger la première observation

Aristote, dans ce texte, prolonge la pensée de Socrate en s'interrogeant sur le bonheur du méchant.

→ Étape 3. Poser la problématique du texte sous forme de question

Peut-on être à la fois méchant et heureux ? En quel sens la méchanceté est-elle un obstacle au bonheur ?

→ Étape 4. Annoncer la thèse de l'auteur dans le texte

Aristote va montrer dans ce texte qu'en nuisant à autrui, le méchant se nuit aussi à lui-même. La perversité conduit à la misère morale.

→ Étape 5. Annoncer le plan

Dans un premier temps, Aristote s'interroge sur la sociabilité qu'entretient le méchant. Il montre ensuite de quel ordre est son rapport à lui-même. Enfin, il conclut sur la nécessité de fuir la perversité pour ne pas être ennemi de soi-même.
Après avoir expliqué le sens du texte à partir de ces trois parties, nous nous demanderons dans quelle mesure la méchanceté conduit nécessairement au malheur et la bonté du même coup au bonheur.

II Procéder à l'explication ordonnée du texte

I. Le méchant et autrui (l. 1 à 5)

Les méchants recherchent-ils la compagnie d'autrui, c'est-à-dire sont-ils sociables ?

- Aristote montre que la méchanceté n'est pas incompatible avec la sociabilité, car l'homme méchant a besoin de s'entourer de semblables pour oublier ses propres actes. Le méchant aurait besoin de se fondre dans la masse pour oublier sa perversité.

● Mais on peut se demander s'il ne recherche pas la compagnie d'autrui pour exercer sa méchanceté. Peut-être l'exercice de la méchanceté envers autrui est-il un moyen de fuir la méchanceté envers soi-même.

II. La solitude malheureuse du méchant (l. 5 à 14)

● Dans cette deuxième partie, Aristote nous montre la haine qu'éprouve le méchant à l'égard de lui-même. Il sait qu'il n'y a rien en lui d'aimable. De même qu'il ne cherche pas à se faire aimer d'autrui, il ne s'aime pas lui-même. Même lorsqu'il éprouve du plaisir, un tel homme n'est pas heureux, car une partie de lui-même s'insurge contre son plaisir vicieux.

● Aristote suppose donc ici qu'il reste chez le méchant une part non dépravée qui condamne ses actes et par conséquent, le plaisir qu'il éprouve.

III. Amitié et inimitié (l. 15 à 19)

● Selon Aristote, nous recherchons tous le bonheur. Nous ne savons pas toujours comment l'atteindre, mais nous sommes certains d'y aspirer. Le bonheur est donc un bien et l'homme heureux est aussi un homme qui fait le bien pour les autres.

● Dans cette dernière partie, Aristote nous montre l'échec de la vie de l'homme méchant. On pourrait croire que l'homme méchant, tout en nuisant aux autres, trouve cependant son bonheur. Mais Aristote nous montre que l'homme méchant, tout en haïssant ses semblables, se hait aussi lui-même.

● Bien que pervers, c'est-à-dire animé d'une volonté de faire le mal, donc d'une volonté dépravée, l'homme méchant n'a pas moins conscience du bien. D'une certaine façon, Aristote s'oppose à l'idée socratique selon laquelle « nul n'est méchant volontairement ». Le méchant pour Aristote n'ignore pas sa méchanceté, mais la connaît.

● Par contre, ce qu'affirme Aristote, en accord avec Platon, c'est que nul ne peut être méchant sans en souffrir lui-même. Le paradoxe du méchant, c'est qu'il recherche le mal, mais il sait aussi qu'il est haïssable. Donc, faisant le mal, il ne peut s'aimer lui-même.

● Cet état pour Aristote est le comble de la misère morale, c'est-à-dire que l'homme méchant est aussi celui qui connaît les pires tourments et qui peut aller jusqu'à souhaiter sa propre mort. Le pire ennemi de l'homme méchant, c'est lui-même. Pour être heureux, il faut aussi être un ami pour soi-même, c'est-à-dire ne pas se laisser aller au mal.

III Dégager l'intérêt et la portée philosophique du texte

Si la méchanceté est un obstacle au bonheur, est-il certain pour autant que la bonté nous préserve du malheur ?

→ Dégager l'intérêt de la thèse de l'auteur

● On peut donner raison à Aristote lorsqu'il nous explique que la méchanceté ne va pas avec le bonheur. Pour cela, il faut cependant préciser qu'on parle d'une méchanceté volontaire, d'une intention de nuire assumée, qui n'a rien à voir avec la méchanceté involontaire de celui qui ignore le mal qu'il fait. Celui qui est animé de cette intention de faire le mal est en même temps poursuivi par la culpabilité, c'est-à-dire qu'il se sait responsable de la jouissance qu'il a choisie.

● C'est ce que nous montre en des termes chrétiens la confession de Saint Augustin **(voir texte 2 p. 42)**. Il a commis le mal en volant des poires, non pour se nourrir mais pour les jeter aux porcs. Il a joui d'une méchante complicité car le plaisir était démultiplié du fait d'être partagé avec d'autres camarades. Mais ensuite il le paye par une culpabilité qui le torture. Il sait que son plaisir résidait dans le fait de nuire à ceux qu'il a volés, dans le fait de rire du dommage causé, et après coup, il lui en reste une honte dont il ne peut se défaire. On ne peut pas être heureux tout en ayant honte de ce qu'on est.

→ Dégager la portée de la thèse

● Cependant, la thèse d'Aristote suppose que le méchant regrette nécessairement ses actes. Elle suppose donc une conscience morale, certes malmenée, mais présente. Peut-on envisager une disparition de la conscience morale ? Cette idée du bien et du mal que Rousseau situe naturellement dans notre conscience, peut-elle ne pas exister chez un être humain **(voir texte 2 p. 35)** ? Si c'était le cas, on pourrait alors se demander si le méchant ne pourrait pas aussi bien se satisfaire de sa méchanceté et être heureux dans cet état.

- Le marquis de Sade, à la fin du XVIIIe siècle, a poussé à l'extrême l'idée du libertinage. Dans ses romans, il met en scène des personnages pervers qui jouissent impunément de leur propre cruauté. Ainsi, dans ce monde sans foi ni loi, les plus malheureux sont les plus vertueux. La pauvre Juliette se fait abuser en raison même de sa bonté. Ne voyant pas le mal, elle devient objet des mauvaises rencontres qu'elle fait. Peut-on alors, pour mettre à l'épreuve la thèse d'Aristote, dire que dans un monde cruel, il vaut mieux savoir être méchant plutôt que de chercher à faire le bien ?

- Les pervers que Sade dépeint éprouvent du plaisir dans le mal. Mais sont-ils vraiment heureux ? Il nous montre quand même des êtres prisonniers de leurs jouissances perverses, des êtres qui ne connaissent pas l'amour et qui n'ont d'autre rapport à autrui que ce rapport de maltraitance. On peut donc dire qu'ils consentent librement à leurs jouissances, c'est-à-dire qu'ils n'éprouvent pas de culpabilité, mais on ne peut pas dire que la répétition de ces scènes de torture les conduit au bonheur. La méchanceté peut être une jouissance, mais elle ne conduit pas à un bonheur véritable.

→ Confronter la thèse de l'auteur avec une thèse différente

- On peut cependant poursuivre la thèse d'Aristote en se posant une nouvelle question : si la méchanceté est en effet incompatible avec le bonheur, la bonté, elle, nous préserve-t-elle pour autant du malheur ? Faire le bien suffit-il à nous rendre heureux ?

- Agir moralement, c'est-à-dire être guidé par des valeurs que nous considérons comme justes, cela nous procure un certain contentement. Quand nous avons accompli une action dont nous sommes fiers parce qu'elle incarne un idéal, il est vrai que nous éprouvons une satisfaction profonde. Nous nous sentons dignes de notre existence. Mais ce contentement moral qui résulte du sentiment de l'effort en vue du bien, suffit-il à nous rendre heureux ?

- Kant affirme que le mieux que nous puissions faire, c'est de nous rendre dignes du bonheur, c'est-à-dire de le mériter **(voir texte 3 p. 43)**. La seule chose qui est vraiment entre nos mains, c'est cet effort que nous pouvons faire à travers nos actes pour mériter le bonheur. La méchanceté nous rend donc indigne du bonheur et de la bonté, et la vertu, au sens d'Aristote, serait le premier pas vers le bonheur. Ensuite, il reste en effet une part de hasard. Ce qui dépend de nous, c'est notre mérite, mais ce qui ne dépend pas de nous, ce sont les circonstances, qui ont le pouvoir de nous rendre plus ou moins heureux ou malheureux **(voir texte 1 p. 42)**.

IV Rédiger la conclusion

→ Résumer en quelques phrases le sens de la thèse de l'auteur et sa portée, afin de répondre à l'introduction

Si pour Aristote le méchant ne peut être que malheureux, c'est que « le bonheur est une activité de l'âme conforme à la vertu ». Mais Aristote reconnaît que nous avons aussi besoin de chance pour être véritablement heureux. Ce qui reste entre nos mains, c'est alors de savoir saisir l'occasion favorable. C'est ce que les Grecs appelaient le *kairos*, le moment opportun. La vie se présente comme un agencement de rencontres et certaines d'entre elles peuvent nous conduire au bonheur lorsque nous savons saisir notre chance.

Texte 1

Cependant il apparaît nettement qu'on doit faire aussi entrer en ligne de compte les biens extérieurs, ainsi que nous l'avons dit, car il est impossible, ou du moins malaisé, d'accomplir les bonnes actions quand on est dépourvu de ressources pour y faire face. En effet, dans un grand nombre de nos actions, nous faisons intervenir à titre d'instruments les amis ou la richesse, ou l'influence politique ; et, d'autre part, l'absence de certains avantages gâte la félicité : c'est le cas, par exemple, pour la noblesse de race, une heureuse progéniture, la beauté physique. On n'est pas, en effet, complètement heureux si on a un aspect disgracieux, si on n'est d'une basse extraction, ou si on vit seul et sans enfants ; et pis encore sans doute, si on a des enfants ou des amis perclus de vices, ou si enfin, alors qu'ils étaient vertueux, la mort nous les a enlevés. Ainsi donc que nous l'avons dit, il semble que le bonheur ait besoin, comme condition supplémentaire, d'une prospérité de ce genre ; de là vient que certains mettent au même rang que le bonheur, la fortune[1] favorable, alors que d'autres l'identifient à la vertu.

1. Chance.

ARISTOTE, *Éthique à Nicomaque* (IVe siècle av. J.-C.), livre I, chap. 10, 1166a-b, trad. J. Tricot, Librairie philosophique J. Vrin, 1983, pp. 67-68.

Quelle est la thèse de ce texte ?

....

Comment pouvez-vous l'intégrer au développement de votre commentaire ?

....

....

....

Texte 2

Eh bien ! moi, j'ai voulu voler, et j'ai volé sans que la misère m'y poussât, rien que par insuffisance et mépris du sentiment de justice, par excès d'iniquité. Car j'ai volé ce que je possédais en abondance et de meilleure sorte. Ce n'est pas de l'objet convoité par mon vol que je voulais jouir, mais du vol même et du pêché.

Il y avait dans le voisinage de notre vigne un poirier chargé de fruits qui n'avaient rien de tentant, ni la beauté ni la saveur. En pleine nuit (selon notre exécrable habitude nous avions prolongé jusque-là nos jeux sur les places), nous nous en allâmes, une bande de mauvais garçons, secouer cet arbre et en emporter les fruits. Nous en fîmes un énorme butin, non pour nous en régaler, mais pour le jeter aux porcs. Sans doute nous en mangeâmes un peu, mais notre seul plaisir fut d'avoir commis un acte défendu.

Voilà mon cœur, ô Dieu, voilà mon cœur dont vous avez eu pitié au fond de l'abîme. Qu'il vous dise maintenant, ce cœur que voilà, ce qu'il cherchait dans cet abîme, pour faire le mal sans raison, sans autre raison de le faire que sa malice même. Malice honteuse, et je l'ai aimée ; j'ai aimé ma propre perte ; j'ai aimé ma chute ; non l'objet qui me faisait choir, mais ma chute même, je l'ai aimée. Ô laideur de l'âme qui abandonnait votre soutien pour sa ruine, et ne convoitait dans l'infamie que l'infamie elle-même.

SAINT AUGUSTIN, *Les Confessions*, livre II, chap. 4, trad. J. Trabucco, G.F. Flammarion, 1993, p. 42.

Quelle est la thèse de ce texte ?

....

Comment pouvez-vous l'intégrer au développement de votre commentaire ?

....

....

....

Texte 3

De tout ce qu'il est possible de concevoir dans le monde, et même en général hors du monde, il n'est rien qui puisse sans restriction être tenu pour bon, si ce n'est seulement une BONNE VOLONTÉ. L'intelligence, le don de saisir les ressemblances des choses, la faculté de discerner le particulier pour en juger, et les autres talents de l'esprit, de quelque nom qu'on les désigne, ou bien le courage, la décision, la persévérance dans les desseins, comme qualités du *tempérament*, sont sans doute à bien des égards choses bonnes et désirables ; mais ces dons de la nature peuvent devenir aussi extrêmement mauvais et funestes si la volonté qui doit en faire usage, et dont les dispositions propres s'appellent pour cela caractère, n'est point bonne. Il en est de même des *dons de la fortune*. Le pouvoir, la richesse, la considération, même la santé ainsi que le bien-être complet et le contentement de son état, ce qu'on nomme le *bonheur*, engendrent une confiance en soi qui souvent aussi se convertit en présomption, dès qu'il n'y a pas une bonne volonté pour redresser et tourner vers des fins universelles l'influence que ces avantages ont sur l'âme, et du même coup tout le principe de l'action ; sans compter qu'un spectateur raisonnable et impartial ne saurait jamais éprouver de satisfaction à voir que tout réussisse perpétuellement à un être que ne relève aucun trait de pure et bonne volonté, et qu'ainsi la bonne volonté paraît constituer la condition indispensable même de ce qui nous rend dignes d'être heureux.

KANT, *Fondements de la métaphysique des mœurs*, trad. V. Delbos, © Delagrave, 1986, pp. 88-89.

Quelle est la thèse de ce texte ?

....

Comment pouvez-vous l'intégrer au développement de votre commentaire ?

....

....

....

Voir aussi ▶ ROUSSEAU, *Émile ou de l'éducation*, p. 35

SUJET 3 Dissertation

« Être libre, est-ce ne se soumettre à rien ? »

Méthode d'analyse du sujet

I Analyser le sujet

➔ **Analyser les concepts de la question**

....

....

....

➔ **Rechercher d'autres concepts associés ou opposés au sujet**

....

....

➔ **Comprendre comment la question est posée**

....

....

....

➔ **Reformuler la question**

....

....

II Faire appel aux textes philosophiques pour traiter le sujet

– Rousseau, *Du contrat social*, p. 46
– Hobbes, *Le Citoyen*, p. 46
– Sartre, *L'existentialisme est un humanisme*, p. 47
– Spinoza, *Traité théologico-politique*, p. 101 (chapitre 4)

➔ **Lisez les textes et essayez de voir comment ils peuvent vous aider à réfléchir à la question.**

➔ **Déterminez quels textes utiliser dans quelle partie.**

Développement du plan en trois parties

III Élaborer un plan

➔ **Identifier trois parties, en donnant à chacune d'elle un titre :**

Partie 1 : La thèse :

....

....

Partie 2 : L'antithèse :

....

....

Partie 3 : La synthèse :

IV Rédiger l'introduction

→ Étape 1. Partir d'une observation courante, d'un constat en accord avec le sens commun

→ Étape 2. Trouver une objection, une nuance permettant d'interroger la première observation

→ Étape 3. Poser la question du sujet

→ Étape 4. Reformuler la question

→ Étape 5. Annoncer le plan

V Rédiger la conclusion

Montrer comment le déroulement des trois parties a permis de répondre à la question posée

Texte 1

Puisque aucun homme n'a une autorité naturelle sur son semblable, et puisque la force ne produit aucun droit, restent donc les conventions pour base de toute autorité légitime parmi les hommes.

Si un particulier, dit Grotius[1], peut aliéner sa liberté et se rendre esclave d'un maître, pourquoi tout un peuple ne pourrait-il pas aliéner la sienne et se rendre sujet d'un roi ? Il y a là bien des mots équivoques qui auraient besoin d'explication, mais tenons-nous-en à celui d'aliéner. Aliéner, c'est donner ou vendre. Or un homme qui se fait esclave d'un autre ne se donne pas, il se vend, tout au moins pour sa subsistance : mais un peuple pour quoi se vend-il ? Bien qu'un roi fournisse à ses sujets leur subsistance il ne tire la sienne que d'eux, et selon Rabelais un roi ne vit pas de peu. Les sujets donnent donc leur personne à condition qu'on prendra aussi leur bien ? Je ne vois pas ce qui leur reste à conserver.

On dira que le despote assure à ses sujets la tranquillité civile. Soit ; mais qu'y gagnent-ils, si les guerres que son ambition leur attire, si son insatiable avidité, si les vexations de son ministère les désolent plus que ne le feraient leurs dissensions ? Qu'y gagnent-ils, si cette tranquillité même est une de leurs misères ? On vit tranquille aussi dans les cachots ; en est-ce assez pour s'y trouver bien ? Les Grecs enfermés dans l'antre du Cyclope y vivaient tranquilles, en attendant que leur tour vînt d'être dévorés.

Dire qu'un homme se donne gratuitement, c'est dire une chose absurde et inconcevable ; un tel acte est illégitime et nul, par cela seul que celui qui le fait n'est pas dans son bon sens. Dire la même chose de tout un peuple, c'est supposer un peuple de fous : la folie ne fait pas droit.

ROUSSEAU, *Du contrat social*, livre I, chap. IV, « De l'esclavage », 1762, G.F, pp. 45-46.

1. Juriste et diplomate hollandais (1583-1645).

Quelle est la thèse de ce texte ?

....

Comment pouvez-vous l'intégrer au développement de votre dissertation ?

....

....

Texte 2

Il est vrai que hors de la société civile chacun jouit d'une liberté très entière, mais qui est infructueuse[1], parce que comme elle donne le privilège de faire tout ce que bon nous semble, aussi elle laisse aux autres la puissance de nous faire souffrir tout ce qu'il leur plaît. Mais dans le gouvernement d'un État bien établi, chaque particulier ne se réserve qu'autant de liberté qu'il lui en faut pour vivre commodément, et en une parfaite tranquillité, comme on n'en ôte aux autres que ce dont ils seraient à craindre.

Hors de la société, chacun a tellement droit sur toutes choses qu'il ne s'en peut prévaloir et n'a la possession d'aucune ; mais dans la république, chacun jouit paisiblement de son droit particulier.

Hors de la société civile, ce n'est qu'un continuel brigandage, et l'on est exposé à la violence de tous ceux qui voudront nous ôter les biens et la vie ; mais dans l'État, cette puissance n'appartient qu'à un seul. Hors du commerce des hommes, nous n'avons que nos propres forces qui nous servent de protection, mais dans une ville, nous recevons

1. Qui ne rapporte pas de fruit, sans résultat.

le secours de tous nos concitoyens.

Hors de la société, l'adresse et l'industrie sont de nul fruit : mais dans un État, rien ne manque à ceux qui s'évertuent.

Enfin, hors de la société civile, les passions règnent, la guerre est éternelle, la pauvreté est insurmontable, la crainte ne nous abandonne jamais, les horreurs de la solitude nous persécutent, la misère nous accable, la barbarie, l'ignorance et la brutalité nous ôtent toutes les douceurs de la vie ; mais dans l'ordre du gouvernement, la raison exerce son empire, la paix revient au monde, la sûreté publique est rétablie, les richesses abondent, on goûte les charmes de la conversation, on voit ressusciter les arts, fleurir les sciences, la bienséance est rendue à toutes nos actions et nous ne vivons plus ignorants des lois de l'amitié.

HOBBES, *Le Citoyen*, trad. S. Sorbière, © Flammarion, G.F., 1990, p. 195.

Quelle est la thèse de ce texte ?

....

Comment pouvez-vous l'intégrer au développement de votre dissertation ?

....

....

Texte 3

Dostoïevski[1] avait écrit : « Si Dieu n'existait pas, tout serait permis. » C'est là le point de départ de l'existentialisme[2]. En effet, tout est permis si Dieu n'existe pas, et par conséquent l'homme est délaissé, parce qu'il ne trouve ni en lui, ni hors de lui une possibilité de s'accrocher. Il ne trouve d'abord pas d'excuses. Si, en effet, l'existence précède l'essence[3], on ne pourra jamais expliquer par référence à une nature humaine donnée et figée ; autrement dit, il n'y a pas de déterminisme[4], l'homme est libre, l'homme est liberté. Si d'autre part, Dieu n'existe pas, nous ne trouvons pas en face de nous des valeurs ou des ordres qui légitiment notre conduite. Ainsi, nous n'avons ni derrière nous, ni devant nous, dans le domaine lumineux des valeurs, des justifications ou des excuses. Nous sommes seuls, sans excuses. C'est ce que j'exprimerai en disant que l'homme est condamné à être libre. Condamné, parce qu'il ne s'est pas créé lui-même, et par ailleurs cependant libre, parce qu'une fois jeté dans le monde, il est responsable de tout ce qu'il fait.

SARTRE, *L'existentialisme est un humanisme* (1946), © Gallimard, pp. 36-37.

1. Romancier russe (1821-1881), auteur notamment de *Crime et Châtiment*.
2. Doctrine selon laquelle l'existence de l'homme ne peut se définir en dehors d'un choix humain.
3. La substance, la nature d'un être.
4. Cause qui serait à l'origine de l'action humaine selon un principe de causalité.

Quelle est la thèse de ce texte ?

....

Comment pouvez-vous l'intégrer au développement de votre dissertation ?

....

....

SUJET 4 Commentaire de texte

Assurer son propre bonheur est un devoir du moins indirect, car celui qui est mécontent de son état peut aisément se laisser aller, au milieu des soucis et des besoins qui le tourmentent, à la *tentation de transgresser ses devoirs*. Mais aussi, indépendamment de la considération du devoir, tous les hommes trouvent en eux-mêmes la plus puissante et la plus profonde inclination pour le bonheur, car cette idée du bonheur contient et résume en une somme toutes leurs inclinations. Seulement, le précepte du bonheur a la plupart du temps pour caractère de porter grand préjudice à quelques inclinations, et d'ailleurs l'homme ne peut se faire un concept déterminé et certain de cette somme de satisfaction de tous ses penchants qu'il désigne sous le nom de bonheur. Aussi ne faut-il pas s'étonner qu'une seule inclination, qui promet quelque chose de déterminé, et peut être satisfaite à un moment précis, puisse l'emporter sur une idée indécise ; qu'un goutteux[1], par exemple, puisse préférer jouir de ce qui lui plaît quoi qu'il doive souffrir, et que, d'après sa manière d'évaluer les choses, au moins dans cette circonstance, il ne croie pas devoir sacrifier la jouissance du moment présent à l'espoir, peut-être vain, du bonheur que donne la santé. Mais, quand même le penchant universel au bonheur ne déterminerait pas sa volonté, quand même la santé ne serait pas, pour lui du moins, une chose dont il fût si nécessaire de tenir compte dans ses calculs, il resterait encore, dans ce cas, comme dans tous les autres, une loi, celle qui commande de travailler à son bonheur, non par inclination, mais par devoir, et c'est par là seulement que sa conduite a une vraie valeur morale.

KANT, *Fondements de la métaphysique des mœurs.*

1. Homme atteint d'une maladie nommé goutte.

Méthode d'approche du texte

Pour vous aider à élucider le sens philosophique de ce texte relativement complexe, voici un travail préparatoire qui vous permettra de débuter votre analyse.

I Lire le texte plusieurs fois en cherchant à :

→ Repérer le thème du texte

Bonheur et devoir.

→ Repérer la thèse

Renoncer au bonheur, c'est transgresser ses devoirs.

→ Repérer la structure du texte

I. La recherche du bonheur comme devoir indirect (l. 1 à 7)
II. La rivalité entre la recherche du bonheur et les inclinations immédiates (l. 7 à 12)
III. Exemple du malade qui renonce à la santé pour profiter des plaisirs (l. 12 à 16)
Conclusion : La loi qui commande de travailler à son bonheur (l. 16 à 21)

Reconnaître les concepts philosophiques

- **Dans la première partie :** ....

....

- **Dans la deuxième partie :** ....

....

- **Dans la troisième partie :** ....

....

- **Dans la conclusion :** ....

....

Formuler la problématique

Ai-je le droit de renoncer à rechercher le bonheur pour privilégier des plaisirs immédiats ?

....

II Faire appel à d'autres textes pour mettre le texte de Kant en perspective

– Épicure, *Lettre à Ménécée*, p. 51
– Descartes, *Lettre à Élisabeth*, p. 51
– Proust, *Le Temps retrouvé*, p. 52

Lisez les textes et essayez de voir comment ils peuvent vous aider à réfléchir à la question.

Déterminez quels textes utiliser dans quelle partie.

Explication du texte

I Rédiger l'introduction

Étape 1. Partir d'une observation courante, d'un constat en accord avec le sens commun

Pour chacun d'entre nous, la vie nous intéresse tant qu'elle nous promet du bonheur.

....

Étape 2. Trouver une objection, une nuance permettant d'interroger la première observation

Cependant, il nous arrive, au cœur du désespoir, de ne plus croire au bonheur.
Certains événements malheureux peuvent conduire un individu à penser qu'il n'est pas fait pour le bonheur.

....

Étape 3. Poser la problématique du texte sous forme de question

Ai-je le droit de renoncer à la recherche du bonheur ?

....

Étape 4. Annoncer la thèse de l'auteur dans le texte

Kant affirme dans ce texte que « renoncer à son bonheur, c'est transgresser ses devoirs ».

....

Étape 5. Annoncer le plan

Dans un premier temps, il énonce sa thèse en expliquant que la recherche du bonheur est un « devoir indirect ».

Dans un second temps, il nous montre comment cette recherche du bonheur entre en rivalité avec les envies immédiates.
Enfin, il développe l'exemple du malade de la goutte qui renonce à préserver sa santé et lui préfère les plaisirs de la gourmandise.
Il conclut donc que nous devons respecter la loi morale qui commande de travailler à son bonheur.

II Procéder à une explication ordonnée du texte

I ....

....

....

II ....

....

....

III ....

....

....

III Dégager l'intérêt et la portée philosophique du texte

→ **Dégager l'intérêt de la thèse de l'auteur**

....

....

....

→ **Dégager la portée de la thèse**

....

....

....

→ **Confronter la thèse de l'auteur avec une thèse différente**

....

....

....

....

IV Rédiger la conclusion

→ **Résumer en quelques phrases le sens de la thèse de l'auteur et sa portée, afin de répondre à l'introduction**

....

....

....

....

Texte 1

Et il faut voir, en raisonnant par analogie, que parmi les désirs, certains sont naturels, d'autres vides, et que parmi les désirs naturels, certains sont nécessaires, d'autres seulement naturels ; et parmi les désirs nécessaires, certains sont nécessaires au bonheur, d'autres à l'absence de perturbations du corps, d'autres à la vie même. En effet, une observation sans détour de ces distinctions sait rapporter tout choix et tout refus à la santé du corps et à l'ataraxie[1], puisque telle est la fin de la vie bienheureuse ; car ce pour quoi nous faisons toutes choses, c'est ne pas souffrir et ne pas être dans l'effroi ; et une fois que cela se réalise en nous, se dissipe toute la tempête de l'âme, puisque le vivant n'a pas à se diriger vers quelque chose comme si cela lui manquait, à la recherche de ce qui permettrait au bien de l'âme et à celui du corps d'atteindre leur plénitude ; en effet, c'est à ce moment que nous avons besoin d'un plaisir, lorsque nous souffrons par suite de l'absence du plaisir ; mais lorsque nous ne souffrons pas, nous n'avons plus besoin du plaisir.

Et c'est pour cette raison que nous disons que le plaisir est le principe et la fin de la vie bienheureuse. Car c'est le plaisir que nous avons reconnu comme le bien premier et congénital, et c'est à partir de lui que nous commençons à choisir et refuser, et c'est à lui que nous aboutissons, en jugeant tout bien d'après l'affection prise comme règle. Et parce que c'est le bien premier et connaturel[2], pour cette raison nous choisissons tout plaisir ; mais il y a des cas où nous passons par-dessus de nombreux plaisirs, chaque fois qu'un désagrément plus grand résulte pour nous de ces plaisirs ; et nous pensons que bien des douleurs sont préférables à des plaisirs, lorsqu'un plus grand plaisir s'ensuit pour nous, après avoir longtemps supporté ces douleurs. Donc tout plaisir, parce qu'il a une nature appropriée est un bien, et cependant tout plaisir n'est pas à choisir ; de même aussi que toute douleur est un mal, bien que toute douleur ne soit pas de nature à toujours être évitée.

ÉPICURE, *Lettre à Ménécée*, trad. J.-P. Balaudé, Le Livre de Poche, « Classiques de la philosophie », 2004, pp. 194-195.

1. Absence de trouble de l'âme.
2. Conforme à la nature.

Quelle est la thèse de ce texte ?

....

Comment pouvez-vous l'intégrer au développement de votre commentaire ?

....

....

Texte 2

Madame, je me suis quelquefois proposé un doute : savoir, s'il est mieux d'être gai et content, en imaginant les biens qu'on possède être plus grands et plus estimables qu'ils ne sont, et ignorant ou ne s'arrêtant pas à considérer ceux qui manquent, que d'avoir plus de considération et de savoir, pour connaître la juste valeur des uns et des autres, et qu'on devienne plus triste. Si je pensais que le souverain bien fût la joie, je ne douterais point qu'on ne dût tâcher de se rendre joyeux, à quelque prix que ce pût être, et j'approuverais la brutalité de ceux qui noient leurs déplaisirs dans le vin, ou les étourdissent avec du pétun[1]. Mais je distingue entre le souverain bien, qui consiste en l'exercice de la vertu, ou ce qui est le même, en la possession de tous les biens dont l'acquisition dépend de

1. Tabac.

notre libre arbitre, et la satisfaction d'esprit qui suit cette acquisition. C'est pourquoi, voyant que c'est une plus grande perfection de connaître la vérité, encore même qu'elle soit à notre désavantage, que l'ignorer, j'avoue qu'il vaut mieux être moins gai et avoir plus de connaissance. Aussi n'est-ce pas toujours lorsqu'on a le plus de gaieté, qu'on a l'esprit le plus satisfait ; au contraire, les grandes joies sont ordinairement mornes et sérieuses, et il n'y a que les médiocres et passagères, qui soient accompagnées du ris[2]. Aussi je n'approuve point qu'on tâche à se tromper, en se repaissant de fausses imaginations ; car tout le plaisir qui en revient ne peut toucher que la superficie de l'âme, laquelle sent cependant une amertume intérieure, en s'apercevant qu'ils[3] sont faux.

2. Rire.
3. Les biens.

DESCARTES, *Lettre à Élisabeth*, **6 octobre 1645, © Gallimard, « Bibliothèque de la Pléiade », 1953, p. 1 209.**

Quelle est la thèse de ce texte ?

....

Comment pouvez-vous l'intégrer au développement de votre commentaire ?

....

....

Texte 3

Le bonheur seul est salutaire pour le corps ; mais c'est le chagrin qui développe les forces de l'esprit. [...] Il est vrai que cette vérité, qui n'est pas compatible avec le bonheur, avec la santé, ne l'est pas toujours avec la vie. Le chagrin finit par tuer. À chaque nouvelle peine trop forte, nous sentons une veine de plus qui saillit, développe sa sinuosité mortelle au long de notre tempe, sous nos yeux. Et c'est ainsi que peu à peu se font ces terribles figures ravagées du vieux Rembrandt, du vieux Beethoven, de qui tout le monde se moquait. Et ce ne serait rien que les poches des yeux et les rides du front s'il n'y avait la souffrance du cœur. Mais puisque ces forces peuvent se changer en d'autres forces, puisque l'ardeur qui dure devient lumière et que l'électricité de la foudre peut photographier, puisque notre sourde douleur au cœur peut élever au-dessus d'elle un pavillon, la permanence visible d'une image, à chaque nouveau chagrin acceptons le mal physique qu'il nous donne pour la connaissance spirituelle qu'il nous apporte ; laissons se désagréger notre corps, puisque chaque nouvelle parcelle qui s'en détache, vient, cette fois lumineuse et lisible, pour la compléter au prix de souffrances dont d'autres plus doués n'ont pas besoin, pour la rendre plus solide au fur et à mesure que les émotions effritent notre vie, s'ajouter à notre œuvre. Les idées sont des succédanés[1] des chagrins, au moment où ceux-ci se changent en idées ils perdent une partie de leur action nocive sur notre cœur, et même au premier instant, la transformation elle-même dégage subitement de la joie.

1. Substance qui peut remplacer une autre substance.

PROUST, *Le Temps retrouvé* (1927), **© Flammarion, G.F., 1986, p. 302.**

Quelle est la thèse de ce texte ?

....

Comment pouvez-vous l'intégrer au développement de votre commentaire ?

....

....

3

La culture

Le langage
L'art
Le travail
La technique
La religion
L'histoire

Les enjeux philosophiques

L'être humain est un être de culture, c'est-à-dire qu'il se distingue des autres espèces animales en ce qu'il construit sa propre nature. Ainsi, sa nature n'est pas naturelle mais artificielle, au sens où elle est façonnée, fabriquée et transmise de génération en génération, grâce au **langage**. Comme le montre Aristote, c'est parce qu'il parle que l'homme est un animal sociable par nature, fait pour vivre avec autrui, car en effet, le langage est ce qui permet d'énoncer des valeurs communes permettant de vivre ensemble.

L'homme ne se contente donc pas de suivre « sa » nature, il l'invente au sein d'une communauté et il se définit ainsi à partir de son appartenance à une société, à un groupe, à une famille, qui l'ont précédé et qui se construisent autour de certaines croyances, coutumes, traditions et interdits. La **religion**, présente depuis les débuts de l'histoire de l'humanité, montre à la fois comme l'homme a besoin de croire en quelque chose pour donner un sens à son existence, et comment les hommes ont besoin de se retrouver autour de croyances communes pour vivre ensemble.

L'homme est donc un animal culturel, car il a une **histoire** et n'est pas déterminé par ses instincts. Cette histoire de l'homme, c'est aussi bien celle de sa **technique**, c'est-à-dire celle de la façon dont il s'est approprié la nature pour la transformer et la soumettre à ses besoins, que celle de son **travail**, c'est-à-dire celle de la façon dont il produit des marchandises pouvant être échangées, mais c'est aussi l'histoire de ses œuvres d'**art** qui lui permettent d'exprimer son intériorité et de faire valoir un idéal de beauté échappant à toute utilité.

SUJET 1 Dissertation

« Peut-on tout exprimer ? »

Méthode d'analyse du sujet

I Analyser le sujet

→ Analyser les concepts de la question

– « **tout** » : totalité de mes pensées, mes pensées conscientes et mes pensées inconscientes.
– « **exprimer** » : dire, extérioriser.
Rapport entre l'intimité et l'extériorité.
Rapport entre ce qui est de l'ordre de mon identité et ce qui est de l'ordre d'un partage en société.
Distinction entre la langue (comme code commun à une communauté) et la parole (comme acte singulier d'un sujet).

→ Rechercher d'autres concepts associés ou opposés au sujet

Tout exprimer : exprimer toute la vérité. Peut-on tout dire ? Faut-il dire toute la vérité ?
À qui peut-on tout exprimer ? (rapport à autrui).
Inexprimable : indicible, ineffable.
Rapport au monde avant les mots, expression à travers l'art, sublimation.

→ Comprendre comment la question est posée et la reformuler

– « **peut-on ?** » : possibilité ou nécessité.
Est-il possible de tout exprimer ? Faut-il tout exprimer ?
– « **on** » : pronom désignant une forme impersonnelle.
Tout le monde peut-il tout exprimer ?
N'importe qui peut-il tout exprimer ?
À distinguer du « je » : pronom personnel.
Puis-je tout exprimer ?
En tant que sujet, puis-je exprimer tout ce que je désire exprimer ?
Puis-je exprimer ce qui me définit comme sujet, différent de tout le monde ?

II Faire appel aux textes philosophiques pour traiter le sujet

– Michel Leiris, *Biffures*, p. 58
– Hegel, *Encyclopédie des sciences philosophiques*, p. 58
– Kant, *D'un prétendu droit de mentir par humanité*, p. 59
– Freud, *Introduction à la psychanalyse*, p. 60
– Lacan, *Écrits I*, p. 60
– Pierre Alféri, *Chercher une phrase*, p. 61
– Freud, *Un souvenir d'enfance de Léonard de Vinci*, p. 77

→ Lisez les textes et essayez de voir comment ils peuvent vous aider à réfléchir à la question.

→ Déterminez quels textes utiliser dans quelle partie.

III Élaborer un plan

Vous devez construire votre dissertation en trois parties : la thèse, l'antithèse et la synthèse.

- **La thèse** (I) est la réponse la plus immédiate à la question posée.
C'est une phrase affirmative.
- **L'antithèse** (II) émet une objection à la thèse. C'est une phrase qui commence par « pourtant », « cependant », « mais ».

- **La synthèse** (III) est la réponse la plus intéressante trouvée à la question : elle propose une définition du concept majeur de la question en intégrant les apports de la thèse et de l'antithèse.

I. Il est possible de s'exprimer.

II. Il n'est pas possible cependant de tout exprimer.

III. Que faire alors de l'inexprimable ?

IV Rédiger l'introduction

Vous devez respecter les cinq étapes suivantes :

→ Étape 1. Partir d'une observation courante, d'un constat en accord avec le sens commun

Nous vivons à une époque où chacun revendique le droit de s'exprimer. Il règne une sorte d'illusion selon laquelle chacun, s'il le veut, peut tout exprimer de ses pensées.

→ Étape 2. Trouver une objection, une nuance permettant d'interroger la première observation

Mais s'exprimer soi-même en tant que sujet, ce n'est pas parler le discours courant. C'est justement essayer de ne pas s'exprimer de la même façon que n'importe qui.

→ Étape 3. Poser la question du sujet

Peut-on tout exprimer ?

→ Étape 4. Reformuler la question

Est-il possible de lire à travers ses propres pensées, sans qu'aucune ne nous échappe ?
Même si on peut désirer s'exprimer, ne rencontre-t-on pas des limites inhérentes à la langue ?
Ce que nous ne parvenons pas à exprimer, que peut-on en faire ?
L'inexprimable est-il pour autant silencieux ?

→ Étape 5. Annoncer le plan

Nous verrons, dans un premier temps, dans quelle mesure l'être humain cherche à s'exprimer, puis, dans un second temps, nous montrerons les limites de ce désir d'expression, et enfin, nous nous demanderons comment l'inexprimable peut malgré tout se faire entendre.

Développement du plan en trois parties

I. Une thèse : Il est possible de s'exprimer

Construction de l'argumentation : argument/exemple/déduction/prolongement conceptuel

- **Explication de la thèse :**

L'être humain est fait pour s'exprimer et l'enfant, dès l'origine de son existence à travers l'appel, exprime une demande. Apprendre à parler, c'est en effet apprendre à dire « je », c'est-à-dire à se situer en tant que sujet dans une langue qui est celle de notre culture.

- **Une référence pour illustrer la thèse :**

Michel Leiris, dans son autobiographie, nous montre à travers un souvenir d'enfance comment le sujet essaie de s'exprimer avant même de maîtriser la langue. Son premier mot « reusement ! » est prononcé comme un cri de joie, sans connaissance du mot « heureusement » lui-même. Ce mot écorché témoigne du désir chez l'enfant d'exprimer sa joie à l'autre, quand bien même il n'aurait pas encore les mots pour le dire **(voir texte 1 p. 58)**.

- **Une déduction à partir de cet exemple :**

On voit donc qu'il y a chez l'être humain une disposition à l'expression de soi. Parler, ce n'est pas seulement communiquer des informations, mais c'est justement exprimer, extraire quelque chose de son intériorité.

- **Un développement et un prolongement à partir de concepts philosophiques :**

Comme le dit Descartes, dans la Lettre au Marquis de Newcastle datée du 23 novembre 1646,

seul l'homme parle, non pas parce qu'il serait le seul à avoir les organes pour le faire, mais parce qu'il est le seul à pouvoir exprimer ses pensées. La pensée demande en quelque sorte à être dite, formulée dans des mots.
Même s'il est parfois difficile de trouver les mots, il est nécessaire d'exprimer sa pensée pour la connaître. Ainsi **Hegel**, au XIXe siècle, ira jusqu'à affirmer que la pensée trouve sa réalisation pleine et entière dans les mots, et que toute pensée non formulée n'est qu'une pensée confuse et obscure **(voir texte 2 p. 58)**.

II. Une antithèse : Il n'est pas possible cependant de tout exprimer

Construction de l'argumentation : argument faisant objection à la thèse/exemple/déduction

• Première objection :

S'exprimer, c'est aussi s'adresser à un autre. Or, peut-on tout dire à autrui ? Faut-il toujours vouloir dire la vérité ? Il existe donc des obstacles externes à l'expression. En effet, l'expression s'adresse à ce qui n'est pas nous, un autre, un groupe, la société. Or, celui à qui on s'adresse ne peut pas nécessairement « tout » entendre.
Pour **Kant**, tout dire, c'est-à-dire tout ce que l'on sait, est un devoir moral. Il ne faut jamais mentir, quelles que soient les conséquences de notre révélation **(voir texte 3 p. 59)**.
Cependant, Kant sous-estime la capacité de l'autre à pouvoir entendre ce que je dis. On ne peut pas tout exprimer à n'importe qui. Il faut savoir faire entendre la vérité à demi-mot. On ne doit pas imposer à autrui une vérité qu'il ne veut pas savoir.

• Seconde objection :

S'il n'est pas possible de tout exprimer, c'est peut-être aussi en vertu d'obstacles intérieurs.
Freud a découvert que nous n'avions pas accès à toutes nos pensées. Il est possible d'exprimer ses pensées conscientes, mais nos pensées refoulées, justement, nous ne parvenons pas à les exprimer. Elles s'expriment en nous mais sans nous, à travers des symptômes, des actes manqués, des lapsus, des rêves **(voir texte 4 p. 60)**.

• Conclusion de l'antithèse :

Si on ne peut pas tout exprimer, c'est que d'un côté, nous ne pouvons maîtriser l'écoute d'autrui, et que de l'autre, nous ne pouvons maîtriser non plus nos propres conflits psychiques.

III. Une synthèse : Que faire alors de l'inexprimable ?

Nouvel argument/exemple/déduction qui finit par répondre à la question en cernant sa difficulté

• Premier argument :

Ce que le sujet ne parvient pas à dire s'exprime malgré tout en lui. La psychanalyse nous a appris que le rêve est une façon inconsciente pour le désir de s'exprimer, à l'insu du sujet.

• Exemple :

Lacan affirme ainsi que « ça parle », c'est-à-dire que l'inconscient fonctionne comme un langage. Ainsi, l'inconscient, ce « chapitre de mon histoire qui est marqué par un blanc », cet inexprimable, laisse des traces à déchiffrer dans notre corps, dans nos rêves, dans notre histoire **(voir texte 5 p. 60)**.

• Déduction :

Donc, on ne peut pas dire que l'on peut tout exprimer, mais que ce qui doit s'exprimer, ce qui veut se faire reconnaître, finit par s'exprimer par les formations de l'inconscient, ces voies d'expression qui court-circuitent la conscience (comme le rêve). Freud a inventé la méthode de l'association libre, qui est encore une autre voie pour essayer d'exprimer l'inexprimable, c'est-à-dire l'inconscient. En se laissant porter par le cours des associations, le patient met entre parenthèses sa conscience et tente de laisser ressurgir ce qui était jusque-là refoulé.

• Second argument :

L'art, comme mode d'expression, ne consiste pas à tout dire, mais à essayer d'exprimer l'inexprimable. Le langage de l'art, celui de la peinture par exemple, court-circuite le discours rationnel, le discours conscient. Ainsi, un tableau peut nous aider à percevoir ce qui ne se communique pas dans les mots, par exemple des sensations, un mouvement (comme dans les tableaux abstraits de Kandinsky), des émotions, voire même des souvenirs d'enfance refoulés. La sublimation est un processus qui consiste à essayer d'extérioriser ce qui constitue pour nous-même une énigme.

• **Exemple :**

C'est ce que nous montre **Freud**, à propos de Léonard de Vinci, et de ce souvenir d'enfance qui traverse toutes ses représentations, celui du sourire perdu de sa mère. Grâce à l'art, Léonard de Vinci aurait pu retrouver ce qui lui a le plus manqué et qu'il n'a pu formuler, le regard et le sourire d'une mère dont il a été séparé précocement **(voir texte 6 p. 77)**.

• **Déduction :**

L'inexprimable peut donc être exprimé à travers les modes d'expression qui cherchent à réinventer le langage lui-même. Il s'agit de partir à la recherche d'une vérité qui ne pourra se dire que si nous trouvons un mode d'expression qui soit propre à ce que nous sommes le plus secrètement. La création, qu'il s'agisse d'image, de mot, de musique, est toujours tentative d'exprimer l'inexprimable. Comme le théorise le poète **Pierre Alféri**, il s'agit de chercher une phrase qui n'existe pas encore dans l'ensemble des phrases déjà énoncées et qui pourra être « une mise en rythme dans la langue », une mélodie singulière qui exprimera notre être **(voir texte 6 p. 61)**.

V Conclusion

→ Montrer comment le déroulement des trois parties a permis de répondre à la question posée

En tant que sujet, notre devoir n'est pas de tout exprimer, mais d'essayer d'exprimer ce qui correspond à notre désir, c'est-à-dire ce qui nous permet de faire émerger ce que nous sommes afin de nous faire reconnaître d'autrui.

Texte 1

L'un de mes jouets – et peu importait ce qu'il fût : il suffisait qu'il fût un jouet –, l'un de mes jouets était tombé. En grand danger d'être cassé, car la chute avait été directe et l'altitude – prise au-dessus du niveau du sol – d'une table, voire même d'un simple guéridon, est fort loin d'être négligeable, quand il s'agit de la chute d'un jouet…

Rapidement je me baissai, ramassai le soldat gisant, le palpai et le regardai. Il n'était pas cassé, et vive fut ma joie. Ce que j'exprimai en m'écriant : «…Reusement ! »

Dans cette pièce mal définie – salon ou salle à manger, pièce d'apparat ou pièce commune –, dans ce lieu qui n'était alors rien autre que celui de mon amusement, quelqu'un de plus âgé – mère, sœur ou frère aîné – se trouvait avec moi. Quelqu'un de plus averti, de moins ignorant que je n'étais, et qui me fit observer, entendant mon exclamation, que c'est « heureusement » qu'il faut dire et non, ainsi que j'avais fait : «…Reusement ! »

L'observation coupa court à ma joie ; ou plutôt – me laissant un bref instant interloqué – eut tôt fait de remplacer la joie, dont ma pensée avait été d'abord tout entière occupée, par un sentiment curieux dont c'est à peine si je parviens, aujourd'hui, à percer l'étrangeté.

L'on ne dit pas «…Reusement », mais « heureusement ».

Ce mot, employé par moi jusqu'alors sans nulle conscience de son sens réel, comme une interjection pure, se rattache à « heureux » et, par la vertu magique d'un pareil rapprochement, il se trouve inséré soudain dans toute une séquence de significations précises. Appréhender d'un coup dans son intégrité ce mot qu'auparavant j'avais toujours écorché prend une allure de découverte, comme le déchirement brusque d'un voile ou l'éclatement de quelque vérité. Voici que ce vague vocable – qui jusqu'à présent m'avait été tout à fait personnel et restait comme fermé – est, par un hasard, promu au rôle de chaînon de tout un cycle sémantique. Il n'est plus maintenant une chose à moi : il participe de cette réalité qu'est le langage de mes frères, de ma sœur, et celui de mes parents. De chose propre à moi, il devient chose commune et ouverte. Le voilà, en un éclair, devenu chose partagée ou – si l'on veut – socialisée. Il n'est plus maintenant l'exclamation confuse qui s'échappe de mes lèvres – encore toute proche de mes viscères, comme le rire ou le cri – il est, entre des milliers d'autres, l'un des éléments constituants du langage, de ce vaste instrument de communication dont une observation fortuite, m'a permis d'entrevoir l'existence extérieure à moi-même et remplie d'étrangeté.

Michel LEIRIS, *Biffures*, Gallimard, 1948, p. 11.

Quelle est la thèse de ce texte ?

....

Comment pouvez-vous l'intégrer au développement de votre dissertation ?

....

....

Texte 2

Nous n'avons savoir de nos pensées – nous n'avons des pensées déterminées, effectives – que quand nous leur donnons la forme de l'*ob-jectivité*, de l'*être-différencié* d'avec notre *intériorité*, donc la figure de l'*extériorité*, et, à la vérité, d'une extériorité *telle* qu'elle porte, en même temps, l'empreinte de la suprême *intériorité*. Un extérieur ainsi intérieur, seul l'est le *son articulé*, le *mot*. C'est pourquoi vouloir penser sans mots – comme *Mesmer*[1] l'a tenté une fois – apparaît comme une déraison, qui avait conduit cet homme, d'après ce qu'il assura, presque à la manie délirante. Mais il est également risible de regarder le fait, pour la pensée, d'être liée au mot, comme un défaut de la première et comme une infortune ; car, bien que l'on soit d'avis ordinairement que l'*inexprimable* est précisément ce qui est le plus excellent, cet avis cultivé par la vanité n'a pourtant pas le moindre fondement, puisque l'inexprimable est, en vérité, seulement quelque chose de trouble, en fermentation, qui n'acquiert de la clarté que lorsqu'il peut accéder à la parole. Le mot donne, par suite, aux pensées, leur être-là le plus digne et le plus vrai.

Assurément, on peut aussi – sans se saisir de la Chose – se battre avec les mots. Cependant, ce n'est pas là la faute du mot, mais celle d'une pensée défectueuse, indéterminée, sans teneur. De même que la *pensée* vraie est la Chose, de même le *mot* l'est aussi, lorsqu'il est employé par la pensée vraie. C'est pourquoi, en se remplissant du mot, l'intelligence accueille en elle la nature de la Chose.

1. Célèbre médecin et magnétiseur allemand (1734-1815).

HEGEL, *Encyclopédie des sciences philosophiques*, tome III, *Philosophie de l'Esprit* (1827), trad. B. Bourgeois, Librairie philosophique J. Vrin, 1988, pp. 560-561.

Quelle est la thèse de ce texte ?

....

Comment pouvez-vous l'intégrer au développement de votre dissertation ?

....

....

Texte 3

Être véridique dans les propos qu'on ne peut éluder, c'est là le devoir formel de l'homme envers chaque homme, quelle que soit la gravité du préjudice qui peut en résulter pour soi-même ou pour autrui. Et même si, en falsifiant mon propos, je ne cause pas de tort à celui qui m'y contraint injustement, il reste qu'une telle falsification, qu'on peut nommer également pour cette raison un mensonge […], constitue, au regard de l'élément le plus essentiel du devoir en général, un tort ; car je fais en sorte, autant qu'il est en mon pouvoir, que des propos […] en général ne trouvent aucun crédit et, par suite, que tous les droits fondés sur des contrats deviennent caducs et perdent toute leur force ; ce qui est un tort causé à l'humanité en général.

KANT, *D'un prétendu droit de mentir par humanité*, trad. Fr. Proust, © Flammarion, G.F., 1994, pp. 97-99.

Quelle est la thèse de ce texte ?

....

Comment pouvez-vous l'intégrer au développement de votre dissertation ?

....

....

Texte 4

Avant de terminer cette leçon, je voudrais encore attirer votre attention sur un côté des plus intéressants de la vie imaginative. Il existe notamment un chemin de retour qui conduit de la fantaisie à la réalité : c'est l'art. L'artiste est en même temps un introverti qui frise la névrose. Animé d'impulsions et de tendances extrêmement fortes, il voudrait conquérir honneurs, puissance, richesses, gloire et amour des femmes. Mais les moyens lui manquent de se procurer ces satisfactions. C'est pourquoi, comme tout homme insatisfait, il se détourne de la réalité et concentre tout son intérêt, et aussi sa libido, sur les désirs créés par sa vie imaginative, ce qui peut le conduire facilement à la névrose. Il faut beaucoup de circonstances favorables pour que son développement n'aboutisse pas à ce résultat ; et l'on sait combien sont nombreux les artistes qui souffrent d'un arrêt partiel de leur activité par suite de névroses. Il est possible que leur constitution comporte une grande aptitude à la sublimation et une certaine faiblesse à effectuer des refoulements susceptibles de décider du conflit. Et voici comment l'artiste retrouve le chemin de la réalité. Je n'ai pas besoin de vous dire qu'il n'est pas le seul à vivre d'une vie imaginative. Le domaine intermédiaire de la fantaisie jouit de la faveur générale de l'humanité, et tous ceux qui sont privés de quelque chose y viennent chercher compensation et consolation. Mais les profanes ne retirent des sources de la fantaisie qu'un plaisir limité. Le caractère implacable de leurs refoulements les oblige à se contenter des rares rêves éveillés dont il faut encore qu'ils se rendent conscients. Mais le véritable artiste peut davantage. Il sait d'abord donner à ses rêves éveillés une forme telle qu'ils perdent tout caractère personnel susceptible de rebuter les étrangers, et deviennent une source de jouissance pour les autres. Il sait également les embellir de façon à dissimuler complètement leur origine suspecte. Il possède en outre le pouvoir mystérieux de modeler des matériaux donnés jusqu'à en faire l'image fidèle de la représentation existant dans sa fantaisie et de rattacher à cette représentation de sa fantaisie inconsciente une somme de plaisir suffisante pour masquer ou supprimer, provisoirement du moins, les refoulements. Lorsqu'il a réussi à réaliser tout cela, il procure à d'autres le moyen de puiser à nouveau soulagement et consolation dans les sources de jouissances, devenues inaccessibles, de leur propre inconscient ; il s'attire leur reconnaissance et leur admiration et a finalement conquis *par* sa fantaisie ce qui auparavant n'avait existé que *dans* sa fantaisie : honneurs, puissance et amour des femmes.

FREUD, *Introduction à la psychanalyse*, Payot, pp. 354-355.

Quelle est la thèse de ce texte ?

....

Comment pouvez-vous l'intégrer au développement de votre dissertation ?

....

....

Texte 5

L'inconscient est ce chapitre de mon histoire qui est marqué par un blanc ou occupé par un mensonge : c'est le chapitre censuré. Mais la vérité peut être retrouvée ; le plus souvent déjà elle est écrite ailleurs. À savoir :

1. Conflit psychique.
2. Manifestation de la souffrance psychique sous forme de maux physiques.
3. Évolution du sens du langage.
4. Altéré, falsifié.
5. Interprétation.

– dans les monuments : et ceci est mon corps, c'est-à-dire le noyau hystérique de la névrose[1] où le symptôme hystérique[2] montre la structure d'un langage et se déchiffre comme une inscription qui, une fois recueillie, peut sans perte grave être détruite ;

– dans les documents d'archives aussi : et ce sont les souvenirs de mon enfance, impénétrables aussi bien qu'eux, quand je n'en connais pas la provenance ;

– dans l'évolution sémantique[3] : et ceci répond au stock et aux acceptions du vocabulaire qui m'est particulier, comme au style de ma vie et à mon caractère ;

– dans les traditions aussi, voire dans les légendes qui sous une forme héroïsée véhiculent mon histoire ;

– dans les traces, enfin, qu'en conservent inévitablement les distorsions, nécessitées par le raccord du chapitre adultéré[4] dans les chapitres qui l'encadrent, et dont mon exégèse[5] rétablira le sens.

LACAN, « Fonction et champ de la parole et du langage en psychanalyse », in *Écrits I*, © Le Seuil, « Points Seuil », 1970, p. 136.

Quelle est la thèse de ce texte ?

....

Comment pouvez-vous l'intégrer au développement de votre dissertation ?

....

....

Texte 6

Une pensée est une phrase possible. Une phrase doit à la syntaxe le rythme qui l'entraîne et celui de la référence par lequel elle entraîne les choses. Or une pensée s'articule d'emblée de façon syntaxique ; elle est donc partie prenante de la phrase entendue comme opération, comme mise en rythme dans la langue. (Une pensée n'a rien à voir avec le répondant psychologique d'un mot isolé – idée ou représentation.) Mais la langue est plus que l'ensemble des phrases déjà formées, et les pensées ont justement leur lieu propre dans cet excès. La pensée n'est pas un empire dans l'empire de la langue, mais l'avance que le langage prend sur lui-même : du langage possible. (C'est une illusion rétrospective, envers théorique et passif de l'invention, qui montre la pensée comme un empire depuis lequel l'avance du langage paraît un perpétuel retard.) Avant toute intuition, cette possibilité fait l'objet d'une décision. Une nouvelle phrase est possible dans la mesure même où elle est effectivement recherchée. Penser veut dire : chercher une phrase.

Pierre ALFÉRI, *Chercher une phrase*, Éd. Christian Bourgois, 1991.

Quelle est la thèse de ce texte ?

....

Comment pouvez-vous l'intégrer au développement de votre dissertation ?

....

....

SUJET 2 Commentaire de texte

Les ruches des abeilles étaient aussi bien mesurées il y a mille ans qu'aujourd'hui, et chacune d'elles forme cet hexagone aussi exactement la première fois que la dernière. Il en est de même de tout ce que les animaux produisent par ce mouvement occulte. La nature les instruit à mesure que la nécessité les presse ; mais cette science fragile se perd avec les besoins qu'ils en ont : comme ils la reçoivent sans étude, ils n'ont pas le bonheur de la conserver ; et toutes les fois qu'elle leur est donnée, elle leur est nouvelle, puisque, la nature n'ayant pour objet que de maintenir les animaux dans un ordre de perfection bornée, elle leur inspire cette science nécessaire, toujours égale, de peur qu'ils ne tombent dans le dépérissement, et ne permet pas qu'ils y ajoutent, de peur qu'ils ne passent les limites qu'elle leur a prescrites. Il n'en est pas de même de l'homme, qui n'est produit que pour l'infinité. Il est dans l'ignorance au premier âge de sa vie ; mais il s'instruit sans cesse dans son progrès : car il tire avantage non seulement de sa propre expérience, mais encore de celle de ses prédécesseurs, parce qu'il garde toujours dans sa mémoire les connaissances qu'il s'est une fois acquises, et que celles des anciens lui sont toujours présentes dans les livres qu'ils en ont laissés.

PASCAL, ***Préface du traité du vide.***

Méthode d'approche du texte

I Lire le texte plusieurs fois en cherchant à :

Repérer le thème du texte

Il s'agit d'identifier deux notions principales du texte :
- nature et culture
- monde animal et monde humain
- progrès humain et instinct animal

Repérer la thèse de l'auteur

À partir d'une phrase ou d'un passage du texte, reformuler ce que l'auteur veut démontrer.
Alors que les animaux produisent de façon identique et répétitive depuis l'origine des espèces, l'homme, lui, a progressé grâce à la transmission du savoir de génération en génération.

Repérer la structure du texte

Vous devez trouver les parties du texte et essayer de leur donner des titres.
I. Le monde animal et ses productions (l. 1 à 11)
II. Le monde humain et son histoire (l. 11 à 16)

Repérer les concepts et les métaphores

Repérez les mots du texte qu'il faudra expliquer et qui renvoient à des notions philosophiques.

- **Dans la première partie :** l'animalité, la mesure, l'exactitude, la production, le mouvement occulte, la nature, la science, les besoins, l'ordre de perfection bornée, les limites.
- **Dans la seconde partie :** l'humanité, l'infinité, l'ignorance, l'instruction continue, le progrès, l'expérience, les générations et la transmission (les prédécesseurs, les anciens), la mémoire, les connaissances, la culture et l'écriture (les livres).

Identifier la problématique

Identifiez et reformulez la question que pose l'auteur à travers ce texte et à laquelle il répond.
La production animale est-elle analogue au travail humain ?

II Faire appel à d'autres textes pour mettre le propos de Pascal en perspective

– Pascal, *Pensées*, p. 66
– Rousseau, *Discours sur l'origine et les fondements de l'inégalité parmi les hommes*, p. 66
– Marx, *Manuscrits de 1844*, p. 67
– Changeux, *L'Homme neuronal*, p. 116 (chapitre 5)
– Christophe Dejours, *L'évaluation du travail à l'épreuve du réel*, p. 115 (chapitre 5)

→ **Lisez les textes et essayez de voir comment ils peuvent vous aider à réfléchir à la question.**

→ **Déterminez quels textes utiliser dans quelle partie.**

Explication du texte

I Rédiger l'introduction

→ Étape 1. Partir d'une observation courante, d'un constat en accord avec le sens commun

L'être humain se définit à partir de sa capacité à se détacher de la nature et à inventer un monde à son image.

→ Étape 2. Trouver une objection, une nuance permettant d'interroger la première observation

Cependant, les animaux semblent eux aussi capables de transformer la nature pour l'adapter à leurs besoins. Ainsi les abeilles fabriquent des ruches qui n'existeraient pas sans leurs efforts.

→ Étape 3. Poser la problématique du texte sous forme de question

Mais la production animale est-elle analogue au travail humain ?

Les animaux détiennent-ils un savoir du même ordre que les connaissances de l'homme ?

→ Étape 4. Annoncer la thèse de l'auteur dans le texte

Dans ce texte, Pascal nous montre que les animaux, contrairement aux hommes, ne sont pas capables de progrès. Seul l'homme, grâce à la transmission de génération en génération, a une histoire.

→ Étape 5. Annoncer le plan

Pascal commence par décrire la production animale et son caractère répétitif, puis le monde humain qui, lui, s'inscrit dans « l'infinité ».

Après avoir expliqué la thèse de Pascal, nous nous demanderons dans quelle mesure le progrès scientifique et technique n'aurait pas conduit l'homme à travailler comme un animal.

Le monde de la technique rend-il toujours possible la transmission entre les hommes ?

II Procéder à l'explication ordonnée du texte

I. Le monde animal et ses productions (l. 1 à 11)

- Lorsqu'on observe les réalisations de certains animaux, comme les abeilles, on est tenté de faire l'hypothèse d'une intelligence animale qui se rapprocherait de l'intelligence humaine. La perfection des alvéoles des ruches des abeilles semble provenir d'un savoir mathématique, comme si les abeilles étaient des géomètres. Pascal part de ce constat mais en atténue d'emblée le mystère. « Cet hexagone » est produit de façon identique et répétitive tout au long de la vie d'une abeille, et même de la vie de l'espèce.

Les animaux ne font qu'exécuter une tâche que la nature leur enseigne sous la forme de l'instinct. « C'est la nécessité », c'est-à-dire l'urgence de la conservation qui pousse les animaux à produire de quoi survivre.

● Aristote définit le savant non pas comme celui qui sait, mais comme celui qui peut enseigner ce qu'il sait. Les animaux ne sont pas capables d'enseigner ce qu'ils savent parce qu'ils n'ont pas conscience de savoir, mais obéissent à un programme inscrit dans leur organisme par leur nature.

Derrière ce concept de « nature », Pascal suggère une présence intentionnelle qui maintient « les animaux dans un ordre de perfection bornée ». Pascal fait donc référence à un Dieu qui ordonne le monde, au sens où il le met en ordre et le maintient dans ce même ordre, un Dieu qui soumet l'espèce animale à sa volonté.

Cette « science animale » ne tolère aucune variation, ne conduit à aucun progrès, mais maintient les espèces à un seuil d'activité juste nécessaire à leur survie.

Qu'en est-il pour l'homme ?

II. Le monde humain et son histoire (l. 11 à 16)

● À la différence de l'animal, l'homme « n'est produit que pour l'infinité ». Pascal, par ce concept d'infinité, nous indique le caractère illimité et indéfini du progrès humain.

Non seulement l'homme a conscience de l'infinité de l'espace, mais lui-même s'inscrit dans l'infinité du temps. L'histoire d'un individu, comme l'histoire de toute l'espèce humaine, repose sur l'acquisition des connaissances qui permettent à l'homme de ne jamais repartir à zéro.

● L'homme « s'instruit sans cesse », il est sujet de son savoir. L'homme apprend de deux façons : par « sa propre expérience » et par l'expérience de ses prédécesseurs. Ainsi, son existence s'inscrit dans la temporalité. Il y a un avant et un après. Nous n'avons pas à réinventer le feu, la métallurgie, l'agriculture, l'électricité. La mémoire de l'homme permet donc la transmission d'un héritage.

Pascal nous fait saisir toute la différence entre le monde culturel, reposant sur la transmission de traces écrites et constituant donc un héritage, et le monde de la nature, reposant sur l'hérédité naturelle.

III Dégager l'intérêt et la portée philosophique du texte

→ Dégager l'intérêt de la thèse de l'auteur

● Le texte de Pascal nous présente cette différence de nature entre le monde animal et le monde humain, en opposant finalement les productions naturelles animales aux œuvres culturelles humaines.

Les travaux des scientifiques du XXe siècle sur la vie animale confirment cette thèse des limites de l'intelligence animale. Par exemple, les expérimentations de Karl Von Frisch sur les abeilles ont montré qu'elles sont en effet capables de se transmettre des informations, et donc d'établir entre elles un mode de communication, mais qu'elles ne sont pas capables de dialoguer, c'est-à-dire de se répondre entre elles autrement que par une réaction.

● De même, les tentatives d'apprentissage de la logique sur les chimpanzés ont montré que leur intelligence était limitée, et qu'ils pouvaient manier certains symboles, exécuter des tâches, mais qu'ils ne pouvaient pas exprimer leur état intérieur.

Pascal a raison de souligner qu'il n'y a pas de progrès dans le monde animal ; il y a tout au mieux une adaptation à l'environnement fondée sur la sélection naturelle.

→ Dégager la portée de la thèse

● Toutefois, on peut se demander si dans le monde humain, le progrès des connaissances et des techniques n'a pas privilégié l'action efficace sur la transmission culturelle. Comme Rousseau l'a vu au XVIIIe siècle, ce qui caractérise l'homme, c'est sa faculté de se perfectionner, mais celle-ci le conduit à pouvoir aussi bien progresser que régresser (voir texte 2 p. 66).

● Ainsi, pour Rousseau, il peut y avoir d'un côté progrès des sciences et des techniques, et de l'autre, régression morale. On peut réinterroger la thèse de Pascal en montrant que ce progrès humain peut aussi conduire à une régression, et par conséquent, qu'il n'est pas toujours orienté vers l'infini.

Confronter la thèse de l'auteur avec une thèse différente

- Certains philosophes du XIXe, comme **Karl Marx**, ont dénoncé les effets de la révolution industrielle et de la logique productiviste sur le travail humain (voir texte 3 p. 67). L'homme, lorsqu'il doit travailler au service d'une machine, n'accomplit plus une œuvre, mais exécute comme les abeilles, de façon répétitive, une tâche sans être sujet de ce qu'il fait. On pourrait même dire qu'au XXIe siècle, le travail humain ne ressemble pas tant à l'activité animale qu'à l'activité mécanique de la machine. Les progrès biotechnologiques tendent de plus en plus à nous inviter à penser l'homme comme une machine, à partir d'un cerveau qui serait lui-même pensé sur le modèle de l'ordinateur (voir texte 2 p. 115 de **Christophe Dejours** et texte 3 p. 116 de **Changeux**).

IV Rédiger la conclusion

Résumer en quelques phrases le sens de la thèse de l'auteur et sa portée, afin de répondre à l'introduction

Pascal a raison de distinguer le progrès humain de l'évolution animale. Mais on peut néanmoins s'interroger sur le sens de ce progrès qui tend à déshumaniser l'homme pour le faire ressembler toujours davantage à une machine.

Texte 1

Quand je considère la petite durée de ma vie, absorbée dans l'éternité précédant et suivant, le petit espace que je remplis et même que je vois, abîmé dans l'infinie immensité des espaces et que j'ignore et qui m'ignorent, je m'effraie et m'étonne de me voir ici plutôt que là, car il n'y a point de raison, pourquoi ici plutôt que là, pourquoi à présent plutôt que lors. Qui m'y a mis ? Par l'ordre et la conduite de qui ce lieu et ce temps a-t-il été destiné à moi ? […]

Pourquoi ma connaissance est-elle bornée ? ma taille ? ma durée à cent ans plutôt qu'à mille ? Quelle raison a eue la nature de me la donner telle, et de choisir ce nombre plutôt qu'un autre, dans l'infinité desquels il n'y a pas plus de raison de choisir l'un que l'autre, rien ne tentant plus que l'autre ?

Combien de royaumes nous ignorent !

Le silence éternel de ces espaces infinis m'effraie.[1]

PASCAL, *Pensées*, Éd. Pierre Cailler, Genève, 1947, p. 113.

1. Pascal saisit ici l'impuissance de la raison : ainsi s'impose le questionnement sur la religion.

Quelle est la thèse de ce texte ?

....

Comment pouvez-vous l'intégrer au développement de votre commentaire ?

....

....

Texte 2

Quand les difficultés qui environnent toutes ces questions laisseraient quelque lieu de disputer[1] sur cette différence de l'homme et de l'animal, il y a une autre qualité très spécifique qui les distingue[2], et sur laquelle il ne peut y avoir de contestation ; c'est la faculté de se perfectionner, faculté qui, à l'aide des circonstances, développe successivement toutes les autres, et réside parmi nous tant dans l'espèce[3] que dans l'individu[4], au lieu qu'un animal est au bout de quelques mois ce qu'il sera toute sa vie, et son espèce au bout de mille ans ce qu'elle était la première année de ces mille ans.

Pourquoi l'homme seul est-il sujet à devenir imbécile ? N'est-ce point qu'il retourne ainsi dans son état primitif[5], et que, tandis que la bête, qui n'a rien acquis et qui n'a rien non plus à perdre reste toujours avec son instinct[6], l'homme, reperdant par la vieillesse ou d'autres accidents tout ce que sa *perfectibilité* lui avait fait acquérir, retombe ainsi plus bas que la bête même ?

Il serait triste pour nous d'être forcés de convenir que cette faculté distinctive et presque illimitée est la source de tous les malheurs de l'homme ; que c'est elle qui le tire à force de temps de cette condition originaire dans laquelle il coulerait des jours tranquilles et innocents, que c'est elle qui, faisant éclore avec les siècles ses lumières[7] et ses erreurs, ses vices et ses vertus, le rend à la longue le tyran de lui-même et de la nature.

ROUSSEAU, *Discours sur l'origine et les fondements de l'inégalité parmi les hommes*, Naigeon (également *Discours*, in *Du Contrat social*, Garnier, p. 48).

1. Discuter, débattre.
2. Ici, qui permet de les hiérarchiser.
3. Classe d'êtres vivants caractérisée par des formes bien définies.
4. La réalité unique et singulière, par opposition à l'espèce.
5. L'état initial de l'homme, sans qualités acquises.
6. Tendance innée et fixe.
7. Au sens du XVIIIe siècle, facultés de connaître, capacités intellectuelles ; ici, plus particulièrement, connaissances exactes.

Quelle est la thèse de ce texte ?

....

Comment pouvez-vous l'intégrer au développement de votre commentaire ?

....

....

Texte 3

L'ouvrier devient d'autant plus pauvre qu'il produit plus de richesse, que sa production croît en puissance et en volume. L'ouvrier devient une marchandise au prix d'autant plus bas qu'il crée plus de marchandises. La dévalorisation du monde humain va de pair avec la mise en valeur du monde matériel. Le travail ne produit pas seulement des marchandises ; il se produit lui-même ainsi que l'ouvrier comme une marchandise dans la mesure où il produit des marchandises en général.

Ce fait n'exprime rien d'autre que ceci : l'objet du travail produit, son produit, se dresse devant lui comme un être étranger, comme une puissance indépendante du producteur. Le produit du travail est le travail qui s'est fixé, matérialisé dans un objet, il est l'objectivation du travail. La réalisation du travail est son objectivation. Dans le monde de l'économie politique, cette réalisation du travail apparaît comme la perte de l'objet ou l'asservissement à celui-ci, l'appropriation comme l'aliénation, le dessaisissement.

[...] L'aliénation de l'ouvrier dans son produit signifie non seulement que son travail devient un objet, une réalité extérieure, mais que son travail existe en dehors de lui, indépendamment de lui, étranger à lui, et devient une puissance autonome face à lui, que la vie qu'il a prêtée à l'objet s'oppose à lui, hostile et étrangère.

MARX, *Manuscrits de 1844*, trad. J.-P. Gougeon, © Flammarion, G.F., 1996 pp. 108-110.

Quelle est la thèse de ce texte ?

....

Comment pouvez-vous l'intégrer au développement de votre commentaire ?

....

....

Voir aussi ▶ Christophe DEJOURS, *L'évaluation du travail à l'épreuve du réel*, p. 115
▶ CHANGEUX, *L'Homme neuronal*, p. 116

SUJET 3

Dissertation

« Pourquoi se cultiver ? »

Méthode d'analyse du sujet

I Analyser le sujet

→ Analyser les concepts de la question

....

....

....

....

→ Rechercher d'autres concepts associés ou opposés au sujet

....

....

→ Comprendre comment la question est posée

....

....

....

→ Reformuler la question

....

....

....

II Faire appel aux textes philosophiques pour traiter le sujet

- Hegel, *Esthétique*, p. 70
- Hannah Arendt, *La Crise de la culture*, p. 70 et p. 75
- Freud, *Le Malaise dans la culture*, p. 71

Développement du plan en trois parties

III Élaborer un plan

→ Identifier trois parties, en donnant à chacune d'elle un titre :

Partie 1 : La thèse :

....

....

Partie 2 : L'antithèse :

....

....

Partie 3 : La synthèse :

IV Rédiger l'introduction

→ **Étape 1. Partir d'une observation courante, d'un constat en accord avec le sens commun**

→ **Étape 2. Trouver une objection, une nuance permettant d'interroger la première observation**

→ **Étape 3. Poser la question du sujet**

→ **Étape 4. Reformuler la question**

→ **Étape 5. Annoncer le plan**

I

II

III

V Rédiger la conclusion

Montrer comment le déroulement des trois parties a permis de répondre à la question posée

Texte 1

Quel besoin l'homme a-t-il de produire des œuvres d'art ? [...] Le besoin général et absolu, auquel répond l'art, tire son origine du fait que l'homme est un être doué de conscience et qui pense, c'est-à-dire que, de ce qu'il est, quelle que soit sa façon d'être, il fait un être pour soi[1]. [...] L'homme se constitue pour soi par son activité pratique[2], parce qu'il est poussé à se trouver lui-même, à se reconnaître lui-même dans ce qui lui est donné immédiatement, dans ce qui s'offre à lui extérieurement. Il y parvient en changeant les choses extérieures qu'il marque du sceau[3] de son intériorité et dans lesquelles il ne retrouve que ses propres déterminations[4]. L'homme agit ainsi, de par sa liberté de sujet, pour ôter au monde extérieur son caractère farouchement étranger et pour ne jouir des choses que parce qu'il y retrouve une forme extérieure de sa propre réalité. Ce besoin de modifier les choses extérieures est déjà inscrit dans les premiers penchants de l'enfant ; le petit garçon qui jette des pierres dans le torrent et admire les ronds qui se forment dans l'eau, admire en fait une œuvre où il bénéficie du spectacle de sa propre activité. Ce besoin revêt des formes multiples, jusqu'à ce qu'il arrive à cette manière de se manifester soi-même dans les choses extérieures que l'on trouve dans l'œuvre artistique. Mais les choses extérieures ne sont pas les seules que l'homme traite ainsi ; il en use pareillement avec lui-même, avec son propre corps, qu'il change volontairement, au lieu de le laisser dans l'état où il se trouve. Là est le motif de toutes les parures, de toutes les élégances, fussent-elles barbares, contraires au goût, enlaidissantes, voire dangereuses, telles que le traitement que les Chinoises font subir à leurs pieds ou les incisions des oreilles ou des lèvres. [...]

Le besoin général de l'art est donc le besoin rationnel qui pousse l'homme à prendre conscience du monde intérieur et extérieur et à en faire un objet dans lequel il se reconnaisse lui-même.

HEGEL, *Esthétique*, Textes choisis, © PUF, 1998, p. 22.

1. Par différence avec ce qui n'existe qu'en soi, l'être pour soi existe aussi pour lui-même, c'est-à-dire en ayant conscience de lui-même.
2. Activité de réalisation et de création, par distinction avec activité théorique (de réflexion).
3. Empreinte.
4. Caractéristiques (ce qui différencie tel être de tel autre).

Quelle est la thèse de ce texte ?

....

Comment pouvez-vous l'intégrer au développement de votre dissertation ?

....

....

Texte 2

La culture, mot et concept, est d'origine romaine. Le mot « culture » dérive de *colere* – cultiver, demeurer, prendre soin, entretenir, préserver – et renvoie primitivement au commerce de l'homme avec la nature, au sens de culture et d'entretien de la nature en vue de la rendre propre à l'habitation humaine. En tant que tel, il indique une attitude de prendre souci, et se tient en contraste marqué avec tous les efforts pour soumettre la nature à la domination de l'homme. C'est pourquoi il ne s'applique pas seulement à l'agriculture mais peut aussi désigner le « culte » des dieux, le soin donné à ce qui leur appartient en propre. Il semble que le premier à utiliser le mot pour les choses de l'esprit et de l'intelligence soit Cicéron. Il parle de *excolere animum*, de cultiver l'esprit, et de *cultura animi*[1] au sens où nous parlons aujourd'hui encore d'un esprit cultivé, avec cette différence que nous avons oublié le contenu complètement métaphorique[2] de cet usage.

Hannah ARENDT, *La Crise de la culture*, trad. P. Lévy et alii, © Gallimard, « Folio Essais », 1992, p. 271.

1. Culture de l'âme.
2. Imagé.

Quelle est la thèse de ce texte ?

....

Comment pouvez-vous l'intégrer au développement de votre dissertation ?

....

....

Texte 3

De quels moyens la culture se sert-elle pour inhiber, rendre inoffensive, peut-être mettre hors circuit, l'agression qui s'oppose à elle ? Nous avons déjà appris à connaître quelques-unes de ces méthodes, mais pas encore celle qui apparemment est la plus importante. Nous pouvons l'étudier sur l'histoire du développement de l'individu. Que se passe-t-il chez lui pour rendre inoffensif son plaisir-désir d'agression ? Quelque chose de très remarquable, que nous n'aurions pas deviné et qui cependant est à portée de la main. L'agression est introjectée[1], intériorisée, mais à vrai dire renvoyée d'où elle est venue, donc retournée sur le moi propre. Là, elle est prise en charge par une partie du moi qui s'oppose au reste du moi comme surmoi[2], et qui, comme conscience morale, exerce alors contre le moi cette même sévère propension[3] à l'agression que le moi aurait volontiers satisfaite sur d'autres individus, étrangers. La tension entre le surmoi sévère et le moi qui lui est soumis, nous l'appelons conscience de culpabilité ; elle se manifeste comme besoin de punition. La culture maîtrise donc le dangereux plaisir-désir d'agression de l'individu en affaiblissant ce dernier, en le désarmant et en le faisant surveiller par une instance située à l'intérieur de lui-même, comme par une garnison occupant une ville conquise.

FREUD, *Le Malaise dans la culture*, chap. VII, trad. P. Cotet, R. Lainé, J. Stute-Cadiot, © PUF, « Quadrige », 2002, p. 67.

1. Projetée à l'intérieur du psychisme.
2. Instance psychique qui juge le moi.
3. Penchant.

Quelle est la thèse de ce texte ?

....

Comment pouvez-vous l'intégrer au développement de votre dissertation ?

....

....

Voir aussi ▶ **Hannah ARENDT, *La Crise de la culture*,** p. 75

SUJET 4 Commentaire de texte

Il n'y a […] pas d'art d'agrément[1]. On peut fabriquer des objets qui font plaisir en liant autrement des idées déjà prêtes et en présentant des formes déjà vues. Cette peinture ou cette parole seconde est ce qu'on entend généralement par culture. L'artiste selon Balzac ou selon Cézanne ne se contente pas d'être un animal cultivé, il assume la culture depuis son début et la fonde à nouveau, il parle comme le premier homme a parlé et peint comme si l'on n'avait jamais peint. L'expression ne peut alors pas être la traduction d'une pensée déjà claire, puisque les pensées claires sont celles qui ont déjà été dites en nous-mêmes ou par les autres. La « conception » ne peut pas précéder l'« exécution ». Avant l'expression, il n'y a rien qu'une fièvre vague et seule l'œuvre faite et comprise prouvera qu'on devait trouver là *quelque chose* plutôt que *rien*. Parce qu'il est revenu pour en prendre conscience au fonds d'expérience muette et solitaire sur lequel sont bâtis la culture et l'échange des idées, l'artiste lance son œuvre comme un homme a lancé la première parole, sans savoir si elle sera autre chose qu'un cri, si elle pourra se détacher du flux de la vie individuelle où elle naît et présenter […] l'existence indépendante d'un *sens* identifiable. Le sens de ce que va dire l'artiste *n'est* nulle part, ni dans les choses, qui ne sont pas encore sens, ni en lui-même, dans sa vie informulée.

MERLEAU-PONTY, *Sens et non-sens.*

1. Art qui n'aurait pour but que le plaisir.

Méthode d'approche du texte

I Lire le texte plusieurs fois en cherchant à :

→ **Repérer le thème du texte**

→ **Repérer la thèse**

→ **Repérer la structure du texte**

→ **Reconnaître les concepts philosophiques**

→ **Formuler la problématique**

II Faire appel à d'autres textes pour mettre le texte de Merleau-Ponty en perspective

- Hegel, *Cours d'esthétique*, p. 75
- Hannah Arendt, *La Crise de la culture*, p. 75
- Klee, *Théorie de l'art moderne*, p. 76
- Kandinsky, *Du spirituel dans l'art, et dans la peinture en particulier*, p. 76
- Proust, *Le Temps retrouvé*, p. 77
- Freud, *Un souvenir d'enfance de Léonard de Vinci*, p. 77

Explication du texte

I Rédiger l'introduction

→ **Étape 1. Partir d'une observation courante, d'un constat en accord avec le sens commun**

→ **Étape 2. Trouver une objection, une nuance permettant d'interroger la première observation**

→ **Étape 3. Poser la problématique du texte sous forme de question**

→ **Étape 4. Annoncer la thèse de l'auteur dans le texte**

→ **Étape 5. Annoncer le plan**

I

II

III

II Procéder à une explication ordonnée du texte

I ....

....

....

II ....

....

....

III ....

....

....

III Dégager l'intérêt et la portée philosophique du texte

→ **Dégager l'intérêt de la thèse de l'auteur**

....

....

....

→ **Dégager la portée de la thèse**

....

....

....

→ **Confronter la thèse de l'auteur avec une thèse différente**

....

....

....

....

....

....

IV Rédiger la conclusion

→ **Résumer en quelques phrases le sens de la thèse de l'auteur et sa portée, afin de répondre à l'introduction**

....

....

....

....

....

Texte 1

L'idée essentielle qu'il nous faut noter est que, même si le talent et le génie de l'artiste comportent un moment naturel, ce moment n'en demande pas moins essentiellement à être formé et éduqué par la pensée, de même qu'il nécessite une réflexion sur le mode de sa production ainsi qu'un savoir-faire exercé et assuré dans l'exécution. Car l'un des aspects principaux de cette production est malgré tout un travail extérieur, dès lors que l'œuvre d'art a un côté purement technique qui confine à l'artisanal, surtout en architecture et en sculpture, un peu moins en peinture et en musique, et dans une faible mesure encore en poésie. Pour acquérir en ce domaine un parfait savoir-faire, ce n'est pas l'inspiration qui peut être d'un quelconque secours, mais seulement la réflexion, l'application et une pratique assidue. Or il se trouve qu'un tel savoir-faire est indispensable à l'artiste s'il veut se rendre maître du matériau extérieur et ne pas être gêné par son âpre résistance.

HEGEL, *Cours d'esthétique*, Introduction, Aubier, pp. 40-41.

Quelle est la thèse de ce texte ?

....

Comment pouvez-vous l'intégrer au développement de votre commentaire ?

....

....

....

Texte 2

La culture concerne les objets et est un phénomène du monde ; le loisir concerne les gens et est un phénomène de la vie. Un objet est culturel selon la durée de sa permanence ; son caractère durable est l'exact opposé du caractère fonctionnel, qualité qui le fait disparaître à nouveau du monde phénoménal par utilisation et par usure. Le grand utilisateur et consommateur des objets est la vie elle-même, la vie de l'individu et la vie de la société comme tout. La vie est indifférente à la choséité[1] d'un objet ; elle exige que chaque chose soit fonctionnelle, et satisfasse certains besoins. La culture se trouve menacée quand tous les objets et choses du monde, produits par le présent ou par le passé, sont traités comme de pures fonctions du processus vital de la société, comme s'ils n'étaient là que pour satisfaire quelque besoin.

Hannah ARENDT, *La Crise de la culture*, trad. P. Lévy, © Gallimard, « Folio Essais », 1992.

1. L'essence de l'objet lui-même, son sens.

Quelle est la thèse de ce texte ?

....

Comment pouvez-vous l'intégrer au développement de votre commentaire ?

....

....

....

Texte 3

On a fait preuve de zèle, mais le génie, en dépit d'un slogan parfaitement erroné, n'est pas l'application. Le génie n'est même pas partiellement application parce que certains hommes de génie auraient déployé beaucoup d'application par surcroît. Le génie est le génie. Il est grâce, sans commencement ni fin. Il est procréation. Le génie ne s'enseigne pas, car il n'est pas norme mais exception. L'inattendu entre difficilement dans des calculs. Il n'empêche que le génie est le meneur de jeu en personne et se trouve toujours le premier loin en tête. Il bondit en avant des autres, dans la même direction ou dans une autre. Peut-être est-il aujourd'hui dans un endroit auquel on ne pense guère. Car c'est souvent un hérétique aux yeux du dogme. Il n'a d'autre loi que lui-même.

L'école ferait bien d'observer un silence respectueux sur la notion de génie en lui jetant un regard entendu. Elle ferait bien de le garder comme un secret dans une chambre close. Un secret qui, quittant son état de latence, risquerait fort de poser des questions contraires à la logique et au bon sens. Cela causerait une révolution.

KLEE, *Théorie de l'art moderne*, trad. P.-H. Gonthier, © Denoël, « Médiations », 1985, pp. 49-50.

Quelle est la thèse de ce texte ?

....

Comment pouvez-vous l'intégrer au développement de votre commentaire ?

....

....

Texte 4

C'est d'une manière mystérieuse, énigmatique, mystique, que l'œuvre d'art naît « de l'artiste ». Détachée de lui, elle prend une vie autonome, devient une personnalité, un sujet indépendant, animé d'un souffle spirituel, qui mène également une vie matérielle réelle – un être. Ce n'est donc pas une apparition indifférente et née par hasard qui séjournerait, également indifférente, dans la vie spirituelle ; au contraire, comme tout être elle possède des forces actives et créatrices. Elle vit, agit et participe à la formation de l'atmosphère spirituelle [...]. C'est à ce point de vue intérieur qu'il faut se placer, et exclusivement à ce point de vue, pour répondre à la question de savoir si l'œuvre est bonne ou mauvaise. Si elle est « mauvaise » dans la forme ou trop faible, c'est que cette forme est mauvaise ou trop faible pour provoquer dans l'âme des vibrations d'une résonance pure. De même une image n'est pas « bien peinte », si ses valeurs (les inévitables valeurs des Français) sont convenablement choisies ou si elle est répartie d'une manière quasi scientifique entre le chaud et le froid mais, au contraire, *est bien peinte l'image qui intérieurement vit totalement. Et de même n'est un « bon dessin » que celui auquel rien ne peut être changé sans que cette vie intérieure soit détruite*, sans qu'il y ait lieu de considérer si le dessin est en contradiction avec l'anatomie, la botanique ou tout autre science. [...] En bref, *l'artiste a non seulement le droit, mais le devoir de manier les formes ainsi que cela est nécessaire à ses buts*. Et ni l'anatomie, ni les autres sciences du même ordre, ni le renversement *par principe* de ces sciences ne sont nécessaires, mais ce qui est nécessaire, c'est une liberté *totalement illimitée* de l'artiste dans le choix de ses moyens.

KANDINSKY, *Du spirituel dans l'art, et dans la peinture en particulier*, Gallimard, « Folio Essais », © Nina Kandinsky, 1954, © Denoël, 1989, pp. 197-199.

Quelle est la thèse de ce texte ?

Comment pouvez-vous l'intégrer au développement de votre commentaire ?

Texte 5

La vraie vie, la vie enfin découverte et éclaircie, la seule vie par conséquent réellement vécue, c'est la littérature. Cette vie qui en un sens habite à chaque instant chez tous les hommes aussi bien que chez l'artiste. Mais ils ne la voient pas, parce qu'ils ne cherchent pas à l'éclaircir. Et ainsi leur passé est encombré d'innombrables clichés qui restent inutiles parce que l'intelligence ne les a pas « développés ». Notre vie ; et aussi la vie des autres car le style pour l'écrivain aussi bien que la couleur pour le peintre est une question non de technique mais de vision. Il est la révélation, qui serait impossible par des moyens directs et conscients de la différence qualitative qu'il y a dans la façon dont nous apparaît le monde, différence qui s'il n'y avait pas l'art resterait le secret éternel de chacun. Par l'art seulement nous pouvons sortir de nous, savoir ce que voit un autre de cet univers qui n'est pas le même que le nôtre et dont les paysages nous seraient restés aussi inconnus que ceux qu'il peut y avoir dans la lune. Grâce à l'art, au lieu de voir un seul monde, le nôtre, nous le voyons se multiplier et autant qu'il y a d'artistes originaux, autant nous avons de mondes à notre disposition, plus différents les uns des autres que ceux qui roulent dans l'infini, et bien des siècles après qu'est éteint le foyer dont il émanait, qu'il s'appelât Rembrandt ou Ver Meer, nous envoient leur rayon spécial.

Ce travail de l'artiste, de chercher à apercevoir sous de la matière, sous de l'expérience, sous des mots, quelque chose de différent, c'est exactement le travail inverse de celui que, à chaque minute quand nous vivons détournés de nous-mêmes, l'amour-propre, la passion, l'intelligence, et l'habitude aussi accomplissent en nous, quand elles amassent au-dessus de nos impressions vraies, pour nous les cacher entièrement, les nomenclatures, les buts pratiques que nous appelons faussement la vie.

PROUST, *Le Temps retrouvé*, Gallimard.

Quelle est la thèse de ce texte ?

Comment pouvez-vous l'intégrer au développement de votre commentaire ?

Texte 6

L'enfance de Léonard fut aussi singulière que ce tableau. Il avait eu deux mères, d'abord sa vraie mère, Caterina, à qui on l'arracha entre trois et cinq ans, et ensuite une jeune et tendre belle-mère, la femme de son père, Donna Albiera. En rapprochant cette circonstance de son enfance d'une autre : la présence, chez son père, d'une mère et d'une grand-mère à la fois, en en faisant une unité mixte, Léonard conçut sa *Sainte Anne*. La figure maternelle la plus éloignée de l'enfant, la grand-mère, correspond par son apparence et sa situation dans le tableau par rapport à l'enfant, à la vraie et première mère : Caterina. Et l'artiste recouvrit et voila, avec le bienheureux sourire de la *Sainte Anne*, la douleur et l'envie que ressentit la malheureuse quand elle dut céder à sa noble rivale, après le père, l'enfant.

Ainsi, une autre œuvre de Léonard vient confirmer notre hypothèse : le sourire de Mona Lisa del Giocondo réveilla, en l'homme fait qu'était alors Léonard, le souvenir de la mère de ses premières années. Et depuis lors, chez les peintres de l'Italie, les madones et les nobles dames eurent l'humble inclinaison de tête et le sourire étrange et bienheureux de la pauvre paysanne Caterina, qui avait donné au monde ce fils de gloire, destiné à l'art, à l'investigation, à la souffrance.

Léonard, en réussissant à rendre, dans le visage de la *Joconde*, le double sens de ce sourire : promesse d'une tendresse sans bornes et menaçant présage de malheur (d'après Pater), restait là encore fidèle au contenu de ses premiers souvenirs. Car la tendresse excessive de sa mère lui fut fatale, scella son destin et les carences de son être et de sa vie. [...]

Quand Léonard, parvenu à l'apogée de sa vie, rencontra à nouveau ce sourire de béatitude extatique, semblable à celui qui se jouait sur les lèvres de sa mère tandis qu'elle le caressait, lui-même était depuis longtemps la proie d'une inhibition qui lui interdisait de jamais plus demander de telles tendresses à des lèvres de femme. Mais il était devenu peintre et s'efforça de recréer avec son pinceau ce sourire, et il en dota tous ses tableaux, qu'il les exécutât lui-même ou les fît exécuter sous sa direction, par ses élèves : la *Léda*, le *Saint Jean*, le *Bacchus*. Ces deux derniers ne sont que variantes du même type. Muther dit : « Du mangeur de sauterelles de la Bible, Léonard a fait un Bacchus, un petit Apollon qui nous contemple d'un regard sensuel et troublant, ses tendres jambes mollement croisées, un sourire énigmatique sur les lèvres. » Ces tableaux respirent une mystique dont on n'ose pas pénétrer le secret ; on peut tout au plus tenter d'en rechercher le lien avec les créations antérieures de Léonard. Ces figures sont de nouveau androgynes, mais non plus dans le sens où l'était le fantasme au vautour. Ce sont de beaux jeunes gens d'une délicatesse féminine, aux formes efféminées ; ils ne baissent pas les yeux, mais nous regardent d'un regard mystérieusement vainqueur, comme s'ils connaissaient un grand triomphe de bonheur que l'on doit taire ; le sourire ensorceleur que nous connaissons laisse deviner qu'il s'agit d'un secret d'amour. Peut-être Léonard a-t-il désavoué et surmonté, par la force de l'art, le malheur de sa vie d'amour en ces figures qu'il créa et où une telle fusion bienheureuse de l'être mâle avec l'être féminin figure la réalisation des désirs de l'enfant autrefois fasciné par la mère.

FREUD, ***Un souvenir d'enfance de Léonard de Vinci***,
trad. M. Bonaparte, Idées Gallimard, 1977, pp. 107-111

Quelle est la thèse de ce texte ?

....

Comment pouvez-vous l'intégrer au développement de votre commentaire ?

....

....

4 La politique

Les échanges
La société
Le droit
La justice
L'État

Les enjeux philosophiques

La **politique**, au sens philosophique, ce n'est pas seulement le monde des hommes politiques et des différents partis, c'est le monde de la communauté, celui de la vie en commun. *Polis* en grec signifie « cité », la politique est donc cet art de vivre ensemble au sein d'une cité, d'une **société**, selon certaines valeurs. Ainsi, la vie en commun n'est possible que si la multiplicité des désirs individuels est soumise au **droit**, qui, à travers les lois, énonce les normes du juste et de l'injuste, du permis et de l'interdit.

L'**État** est une modalité moderne de l'ordre politique qui dépasse la société civile constituée par les **échanges** entre les individus à travers le travail. L'État incarne une valeur au-delà du monde économique, celle de la liberté politique.

Cependant, l'histoire nous conduit à nous interroger sur les difficiles relations entre liberté individuelle et pouvoir politique. L'État, à la fois nous préserve de la violence individuelle, mais nous impose aussi une autre forme de violence lorsqu'il intervient de façon trop autoritaire sur nos choix de vie et notre façon d'être heureux. Ainsi, on peut essayer de faire valoir, par-delà tout État, par-delà tout ordre politique, une exigence de liberté, qui suppose que les hommes se respectent les uns les autres, mais aussi qu'ils aient la capacité de choisir leur destin. Aussi, la **justice** aurait à se définir comme une valeur morale qui ne se réduirait pas seulement à l'exigence d'égalité, propre aux démocraties contemporaines, mais aussi à l'exigence de liberté, sans laquelle nous ne saurions nous définir comme sujets.

SUJET 1 Dissertation

« Les hommes n'échangent-ils que ce dont ils ont besoin ? »

Méthode d'analyse du sujet

I Analyser le sujet

→ Analyser les concepts de la question

– l'**échange** : le lien social, les relations, la parole, le commerce.
– le **besoin** : la nécessité vitale, le corps, la nature, l'intérêt, l'utilité, la vie économique.
– l'**humanité** : les individus, la vie en société, la famille, l'homme et la femme, la mère et l'enfant.

→ Rechercher d'autres concepts associés ou opposés au sujet

– « l'échange » peut être opposé à la solitude, au rejet de l'autre, à l'autarcie.
– « le besoin » peut être opposé au désir, à la satisfaction des besoins spirituels, à l'amour, à la culture.
– « l'humanité » peut être opposée à l'animalité et à l'inhumanité.

→ Comprendre comment la question est posée

La restriction « que ce dont ils ont besoin » nous invite à envisager une autre finalité de l'échange. La question porte donc à la fois sur l'objet de l'échange (qu'est-ce qui est échangé ?), mais aussi sur la cause et la finalité des échanges (est-ce le besoin qui pousse les hommes à échanger ?).

→ Reformuler la question

– La finalité de l'échange est-elle seulement la satisfaction d'un besoin ?
– Les hommes ne cherchent-ils à échanger que des biens utiles ?
– N'échange-t-on que par nécessité ?
– Peut-on parler d'un « désir » d'échanger ?

II Faire appel aux textes philosophiques pour traiter le sujet

– Aristote, *Les Politiques*, p. 84
– Pernot, *La Politesse et sa philosophie*, p. 84
– Rousseau, *Essai sur l'origine des langues*, p. 85
– Lacan, « Les complexes familiaux dans la formation de l'individu », *Autres écrits*, p. 86
– Brillat-Savarin, *Physiologie du goût*, p. 87
– Christophe Dejours, *L'évaluation du travail à l'épreuve du réel*, p. 115 (chapitre 5)

→ Lisez les textes et essayez de voir comment ils peuvent vous aider à réfléchir à la question.

→ Déterminez quels textes utiliser dans quelle partie.

III Élaborer un plan

Vous devez construire votre dissertation en trois parties : la thèse, l'antithèse et la synthèse.

- **La thèse** (I) est la réponse la plus immédiate à la question posée. C'est une phrase affirmative.
- **L'antithèse** (II) émet une objection à la thèse. C'est une phrase qui commence par « pourtant », « cependant », « mais ».
- **La synthèse** (III) est la réponse la plus intéressante trouvée à la question : elle propose une définition du concept majeur de la question en intégrant les apports de la thèse et de l'antithèse.

I. Les hommes échangent en effet ce dont ils ont besoin – c'est le sens de l'échange économique.

II. Cependant, les hommes n'échangent pas que des biens utiles, mais aussi des biens inutiles, des biens symboliques.

III. Tout échange, même utilitaire, s'inscrit dans l'ordre symbolique et ne se réduit jamais à une simple satisfaction des besoins.

IV Rédiger l'introduction

Vous devez respecter les cinq étapes suivantes :

→ Étape 1. Partir d'une observation courante, d'un constat en accord avec le sens commun

Dans les sociétés de consommation, les échanges prennent le plus souvent la forme d'un échange commercial. Les hommes échangent des biens de consommation, achètent, vendent, consomment, pour satisfaire des besoins vitaux, puis des besoins que la société a fait naître.

→ Étape 2. Trouver une objection, une nuance permettant d'interroger la première observation

Pourtant, les hommes échangent aussi entre eux des mots, des sourires, des regards. Ils se parlent même sans savoir toujours dans quel but.

→ Étape 3. Poser la question du sujet

Les hommes n'échangent-ils que ce dont ils ont besoin ?

→ Étape 4. Reformuler la question

La finalité de l'échange est-elle seulement de satisfaire un besoin ?
Les hommes ne cherchent-ils à échanger que des biens utiles ?
N'échange-t-on que par nécessité ?

→ Étape 5. Annoncer le plan

Dans une première partie, nous verrons pourquoi les hommes échangent en effet ce dont ils ont besoin. Puis, dans une deuxième partie, nous verrons que l'échange ne se réduit pas à la sphère du besoin. Enfin, dans une troisième partie, nous montrerons que tout échange, même matériel, s'appuie sur un désir d'échanger qui permet aux hommes de construire un univers symbolique afin de vivre ensemble.

Développement du plan en trois parties

I. Une thèse : Les hommes échangent en effet ce dont ils ont besoin

- On peut considérer, dans un premier temps, que ce qui pousse les hommes à échanger, c'est le manque. Une seule famille ne peut pas fabriquer tous les objets dont elle a besoin pour vivre. Il est donc nécessaire d'échanger avec une autre famille afin de pouvoir acquérir les biens utiles à la survie. C'est ainsi qu'Aristote présente le troc comme l'une des premières formes d'échanges de biens qui permet à chacun de satisfaire ses besoins, en donnant à l'autre ce dont il manque (par exemple du blé) pour recevoir en échange ce dont il a besoin (par exemple du lait).
Par conséquent, l'échange aurait pour causes le manque, le besoin et pour finalité l'utilité.

- Cet échange utilitaire se serait développé sous la forme des échanges commerciaux à travers la monnaie. Son invention aurait modifié quelque peu les données de l'échange en rendant possible un enrichissement par le biais de l'échange lui-même, sans en passer par un accroissement de production. C'est ce qu'Aristote appelle la « chrématistique » **(voir texte 1 p. 84)**.

- Dans les sociétés occidentales, il semble en effet que les échanges commerciaux soient devenus le modèle de tout échange et bien souvent, le lien social se construit à travers la consommation.

- Cependant, même lorsqu'on échange en vue du besoin, on est conduit à échanger d'autres choses que des biens utiles. On échange aussi des paroles, des regards. Ne pourrait-on pas dire alors que les hommes sont aussi amenés à échanger par désir ?

II. Une antithèse : Cependant, les hommes n'échangent pas que des biens utiles, mais aussi des biens inutiles, des biens symboliques

- Dans toutes les cultures, les relations humaines sont soumises à certaines coutumes qui montrent qu'on n'approche pas autrui sans égards, sans prendre en compte ce qu'il est, ses habitudes, son identité. La politesse, la civilité, les règles de l'hospitalité, sont des formes d'échange qui n'ont pas pour but l'utilité, mais simplement la bonne entente avec autrui. Ainsi les hommes, lorsqu'ils se rencontrent, échangent des mots, des attitudes, des expressions, qui rendent possible ensuite une communication entre eux. Les échanges de civilité ne répondent à aucun besoin mais ont pour but de rendre la rencontre possible (voir texte 2 p. 84 de Pernot). C'est une façon de montrer à autrui que l'on désire faire sa connaissance, qu'on se soucie de pouvoir échanger justement avec lui, simplement pour le plaisir de l'échange.
- Ainsi, on peut dire que les hommes manifestent leur souci d'aller à la rencontre d'autrui en échangeant précisément autre chose que des biens utiles. L'échange n'a alors plus la même finalité que dans l'échange en vue de l'utilité. Il s'agit de trouver un intérêt dans l'échange lui-même. C'est le fait même de parler à autrui qui procure une satisfaction.
- Comme l'imagine Rousseau lorsqu'il propose de penser une origine des langues, on pourrait dire que ce sont d'abord les passions qui poussent les hommes à échanger à travers des mots qui expriment leur intériorité (voir texte 3 p. 85). Les premières langues, nous dit Rousseau, sont filles des passions, car c'est l'amour qui nous pousse à nous adresser à une autre personne, simplement en vue de la rencontrer.

III. Une synthèse : Tout échange, même utilitaire, s'inscrit dans l'ordre symbolique et ne se réduit jamais à une simple satisfaction des besoins

- On peut alors se demander si les hommes pourraient échanger ce dont ils ont besoin s'ils n'échangeaient pas aussi ce dont ils n'ont pas besoin, à savoir des valeurs symboliques. En effet, c'est l'échange de paroles qui rend possible tout autre échange. Même les échanges sociaux les plus intéressés, comme ceux qui ont lieu dans le monde du travail, entre un employé et son supérieur par exemple, ne sont possibles que s'il y a relation humaine, échange de biens symboliques. Ainsi, on peut dire que vouloir réduire le travail à un pur échange utilitaire, c'est aussi lui ôter justement sa dimension humanisante. On ne travaille pas seulement pour être évalué à partir de la quantité d'objets, de projets que l'on produit, mais on travaille aussi pour s'inscrire dans un univers d'échanges avec autrui qui nous permet de trouver notre place dans la société (voir texte 2 p. 115 de Christophe Dejours).
- Selon Aristote, si « l'homme est par nature un animal politique », c'est qu'il se construit à travers le *logos*, le langage, l'échange de paroles, et qu'il ne peut devenir humain qu'en échangeant avec autrui. Ainsi, la transmission de la culture, à travers la famille et à travers l'école, est au fondement même de l'échange (voir texte 4 p. 86 de Lacan). Les enfants ne peuvent devenir pleinement humains que si un autre les a introduits à un univers de valeurs symboliques, en leur parlant et en leur transmettant ce que les générations antérieures ont apporté à l'humanité. Cela assure une continuité « psychique » entre les générations qui permet à chacun de saisir d'où il vient. « Voici notre monde », telle est la phrase qui symbolise pour Hannah Arendt, dans *La Crise de la culture*, la transmission dont les « nouveaux venus » ont besoin pour trouver eux-mêmes leur place.
- Enfin, on peut dire que ce qui nous procure le plus de plaisir dans notre société, ce ne sont pas les échanges utilitaires, mais justement les échanges qui mettent en scène le désir lui-même d'échanger. Le gastronome et écrivain français Brillat-Savarin, va jusqu'à affirmer que la gourmandise favorise la sociabilité pour montrer que, même lorsqu'il s'agit de nourriture, nous prenons du plaisir à échanger autre chose que des biens nécessaires (voir texte 5 p. 87). La gourmandise nourrit donc les échanges en procurant aux êtres humains un plaisir de partager ensemble des mets qui symbolise le plaisir d'être avec autrui.

V Conclusion

→ Montrer comment le déroulement des trois parties a permis de répondre à la question posée

Nous avons donc montré que les hommes sont obligés d'échanger ce dont ils ont besoin, car ils ne sont pas autosuffisants.
Cependant, nous avons vu que cet échange en vue du besoin n'était qu'une modalité de l'échange et que les hommes échangeaient aussi en vue du plaisir, et par désir.
Enfin, nous avons montré que c'est l'échange symbolique, l'échange qui n'a pas pour seul but le besoin, qui rend possible tout échange et qui nous humanise en nous permettant de saisir quelle peut être notre place dans la civilisation.

Texte 1

Car quand on eut plus recours à l'étranger pour importer ce dont on manquait et exporter ce qu'on avait en surplus, nécessairement s'introduisit l'usage de la monnaie. Il n'est pas aisé, en effet, de transporter toutes les denrées naturellement indispensables ; c'est pourquoi pour les troquer on convint de quelque chose que l'on pût aussi bien donner que recevoir, et qui, tout en étant elle-même au nombre des choses utiles, ait la faculté de changer facilement de mains pour les besoins de la vie, par exemple le fer, l'argent et toute autre matière semblable, dont la valeur fut d'abord simplement définie par les dimensions et le poids, puis finalement par l'apposition d'une empreinte, pour éviter d'avoir sans cesse à les mesurer ; l'empreinte, en effet, fut apposée comme signe de la quantité du métal. Une fois donc la monnaie inventée à cause des nécessités du troc, naquit une autre forme de chrématistique[1], la forme commerciale, qui se manifesta sans doute d'abord de manière simple, puis, l'expérience aidant, avec plus d'art en cherchant d'où et comment viendrait, par l'échange, le plus grand profit possible. C'est pourquoi les gens pensent que la chrématistique a principalement rapport avec la monnaie, et que sa fonction est d'avoir les moyens de faire connaître d'où l'on peut tirer une grande quantité de valeurs. [...]

[...] la chrématistique diffère de la richesse naturelle : celle-ci concerne l'administration familiale, celle-là le commerce qui n'est pas créateur de valeurs absolument, mais par échange de valeurs. Et elle semble concerner la monnaie, car la monnaie est principe et fin de l'échange. Et cette richesse qui provient de la chrématistique ainsi comprise, est sans limite.

1 Art de s'enrichir.

ARISTOTE, *Les Politiques*, livre I, chap. 9, trad. P. Pellegrin, © G.F., Flammarion, 1990, pp. 116-117.

Quelle est la thèse de ce texte ?

....

Comment pouvez-vous l'intégrer au développement de votre dissertation ?

....

....

....

Texte 2

La spécificité de la civilité consiste donc, d'une part à établir un courant de communication et non seulement une cohabitation sans agressivité et, d'autre part, à poser que le simple fait de « faire société » [...] confère aux rapports humains une qualité qui mérite d'être recherchée.

Cette qualité est bien différente de celle qu'on accorde habituellement à la politesse. Elle n'est pas d'ordre moral, ni sentimental : elle signifie un autre regard sur l'existence, l'introduction d'une exigence nouvelle par son contenu et son caractère systématique et qui consiste à préférer la communication à la réserve ou à l'indifférence, c'est-à-dire à *refuser l'isolement*. Elle correspond à l'idée que, même dans les circonstances où les relations sociales ne sont pas inévitables ni indispensables, il n'est pas souhaitable de vivre comme si l'on existait seul. Il est bon, au contraire, d'entrer en relation avec ceux qui nous entourent ; l'association, nous dit la politesse, est un bien. L'homme poli se veut un être vivant en société et non seulement donné à lui-même ; le quant-à-soi ne lui suffit pas ; la vie de compagnie est pour lui une dimension de l'existence, non un fardeau mais une valeur. [...] L'impératif qui résumerait ainsi toutes les obligations de politesse pourrait donc s'énoncer : « Agis de telle sorte que tu rendes possible la communication avec autrui. » D'où l'importance de la fonction d'accueil, qu'il s'agisse de nouer le contact ou de le maintenir. La politesse est toute dans cette ouverture. Le respect de l'autre, l'attention portée à son être, le souci de ses droits ou de ses intérêts ne sont pour elle que des moyens, variables dans leur contenu et parfois contingents, de faciliter la communication. [...].

En définitive, l'apport de la politesse tient en deux traits. D'une part, elle élargit l'horizon humain ; elle promeut l'idée qu'il y a plus d'humanité dans la compagnie des hommes que dans l'isolement, dans la conversation que dans le mutisme. D'autre part, elle impose aux relations journalières qu'elle encourage une forme définie : celle d'un accord au lieu d'une confrontation.

PERNOT, *La Politesse et sa philosophie*, © PUF, 1996, pp. 266-267.

Quelle est la thèse de ce texte ?

....

Comment pouvez-vous l'intégrer au développement de votre dissertation ?

....

....

....

Texte 3

Dans les lieux arides où l'on ne pouvait avoir de l'eau que par les puits, il fallut bien se réunir pour les creuser, ou du moins s'accorder pour leur usage. Telle dût être l'origine des sociétés et des langues dans les pays chauds.

Là se formèrent les premiers liens des familles, là furent les premiers rendez-vous des deux sexes. Les jeunes filles venaient chercher de l'eau pour le ménage, les jeunes hommes venaient abreuver leurs troupeaux. Là des yeux accoutumés aux mêmes objets dès l'enfance commencèrent d'en voir de plus doux. Le cœur s'émut à ces nouveaux objets, un attrait inconnu le rendit moins sauvage, il sentit le plaisir de n'être pas seul. L'eau devint insensiblement plus nécessaire, le bétail eut soif plus souvent ; on arrivait en hâte, on partait à regret. Dans cet âge heureux où rien ne marquait les heures, rien n'obligeait à les compter ; le temps n'avait d'autre mesure que l'amusement et l'ennui. Sous de vieux chênes vainqueurs des ans, une ardente jeunesse oubliait par degrés sa férocité ; on s'apprivoisait peu à peu les uns avec les autres ; en s'efforçant de se faire entendre, on apprit à s'expliquer. Là se firent les premières fêtes, les pieds bondissaient de joie, le geste empressé ne suffisait plus, la voix l'accompagnait d'accents passionnés, le plaisir et le désir, confondus ensemble, se faisaient sentir à la fois. Là fut enfin le vrai berceau des peuples et du pur cristal des fontaines sortirent les premiers feux de l'amour.

[…] En un mot, dans les climats doux, dans les terrains fertiles, il fallut toute la vivacité des passions agréables pour commencer à faire parler les habitants. Les premières langues, filles du plaisir et non du besoin, portèrent longtemps l'enseigne de leur père ; leur accent séducteur ne s'effaça qu'avec les sentiments qui les avaient fait naître, lorsque de nouveaux besoins, introduits parmi les hommes, forcèrent chacun de ne songer qu'à lui-même et de retirer son cœur au-dedans de lui.

ROUSSEAU, *Essai sur l'origine des langues*, chap. IX, « Formation des langues méridionales », G.F., pp. 95-97.

Quelle est la thèse de ce texte ?

....

....

Comment pouvez-vous l'intégrer au développement de votre dissertation ?

....

....

....

Texte 4

Entre tous les groupes humains, la famille joue un rôle primordial dans la transmission de la culture. Si les traditions spirituelles, la garde des rites et des coutumes, la conservation des techniques et du patrimoine lui sont disputées par d'autres groupes sociaux, la famille prévaut dans la première éducation, la répression des instincts, l'acquisition de la langue justement nommée maternelle. Par là, elle préside aux processus fondamentaux du développement psychique, à cette organisation des émotions selon des types conditionnés par l'ambiance, […] ; plus largement, elle transmet des structures de comportement et de représentation dont le jeu déborde les limites de la conscience.

Elle établit ainsi entre les générations une continuité psychique dont la causalité[1] est d'ordre mental.

LACAN, « Les complexes familiaux dans la formation de l'individu », in *Autres Écrits*, © Le Seuil, « Champ freudien », 2001, pp. 24-25.

1. Principe de production d'un effet à partir d'une cause. La causalité mentale ou psychique s'oppose à la causalité biologique.

Quelle est la thèse de ce texte ?

....

....

Comment pouvez-vous l'intégrer au développement de votre dissertation ?

....

....

....

Texte 5

Sous le rapport de l'économie politique, la gourmandise est le lien commun qui unit les peuples par l'échange réciproque des objets qui servent à la consommation journalière.

C'est elle qui fait voyager d'un pôle à l'autre les vins, les eaux-de-vie, les sucres, les épiceries, les marinades, les salaisons, les provisions de toute espèce, jusqu'aux œufs et aux melons.

C'est elle qui donne un prix proportionnel aux choses qui sont médiocres, bonnes ou excellentes, soit que ces qualités leur viennent de l'art, soit qu'elles les aient reçues de la nature.

C'est elle qui soutient l'espoir et l'émulation de cette foule de pêcheurs, chasseurs, horticulteurs et autres, qui remplissent journellement les offices les plus somptueux du résultat de leur travail et de leurs découvertes.

C'est elle enfin qui fait vivre la multitude industrieuse des cuisiniers, pâtissiers, confiseurs et autres préparateurs sous divers titres, qui, à leur tour, emploient pour leurs besoins d'autres ouvriers de toute espèce, ce qui donne lieu en tout temps et à toute heure à une circulation de fonds dont l'esprit le plus exercé ne peut ni calculer le mouvement ni assigner la quotité. [...]

La gourmandise est un des principaux liens de la société ; c'est elle qui étend graduellement cet esprit de convivialité qui réunit chaque jour divers états, les fond en un seul tout, anime la conversation, et adoucit les angles de l'inégalité conventionnelle.

BRILLAT-SAVARIN, *Physiologie du goût*, © Champs-Flammarion, 2001, pp. 145-147.

Quelle est la thèse de ce texte ?

....

Comment pouvez-vous l'intégrer au développement de votre dissertation ?

....

....

....

Voir aussi ▶ **Christophe DEJOURS, *L'évaluation du travail à l'épreuve du réel*, p. 115**

SUJET 2 Commentaire de texte

Jamais nous n'avons été plus libres que sous l'occupation allemande. Nous avions perdu tous nos droits et d'abord celui de parler ; on nous insultait en face chaque jour et il fallait nous taire : on nous déportait en masse, comme travailleurs, comme Juifs, comme prisonniers politiques ; partout sur les murs, dans les journaux, sur l'écran, nous retrouvions cet immonde et fade visage que nos oppresseurs voulaient nous donner de nous-mêmes : à cause de tout cela nous étions libres. Puisque le venin nazi se glissait jusque dans notre pensée, chaque pensée juste était une conquête ; puisqu'une police toute-puissante cherchait à nous contraindre au silence, chaque parole devenait précieuse comme une déclaration de principe ; puisque nous étions traqués, chacun de nos gestes avait le poids d'un engagement. Les circonstances souvent atroces de notre combat nous mettaient enfin à même de vivre, sans fard et sans voile, cette situation déchirée, insoutenable, qu'on appelle la condition humaine. L'exil, la captivité, la mort surtout que l'on masque habilement dans les époques heureuses, nous en faisions des objets perpétuels de nos soucis, nous apprenions que ce ne sont pas des accidents évitables, ni même des menaces constantes mais extérieures : il fallait y voir notre *lot*, notre destin, la source profonde de notre réalité d'homme ; à chaque seconde nous vivions dans sa plénitude le sens de cette petite phrase banale : « Tous les hommes sont mortels ». Et le choix que chacun faisait de lui-même était authentique puisqu'il se faisait en présence de la mort, puisqu'il aurait toujours pu s'exprimer sous la forme : « Plutôt la mort que… ».

SARTRE, *Situations*.

Méthode d'approche du texte

I Lire le texte plusieurs fois en cherchant à :

→ Repérer le thème du texte

Il s'agit d'identifier deux notions principales du texte :

– liberté et oppression
– liberté de l'individu et pouvoir politique
– droits de l'individu et droit de l'État

→ Repérer la thèse de l'auteur

À partir d'une phrase ou d'un passage du texte, reformuler ce que l'auteur veut démontrer.
L'oppression politique met à l'épreuve la liberté individuelle en nous obligeant à défendre nos droits.

→ Repérer la structure du texte

Vous devez trouver les parties du texte et essayer de leur donner des titres.

I. La privation des droits (l. 1 à 6)
II. L'engagement nécessaire (l. 6 à 13)
III. La condition humaine révélée par l'oppression (l. 13 à 21)

→ Repérer les concepts et les métaphores

Repérez les mots du texte qu'il faudra expliquer et qui renvoient à des notions philosophiques.

- **Dans la première partie :** liberté, droits, déportation, oppression.

● **Dans la deuxième partie :** pensée, conquête, parole, engagement, circonstances historiques, condition humaine.

● **Dans la troisième partie :** mort, destin, choix authentique.

→ **Identifier la problématique**

Identifiez et reformulez la question que pose l'auteur à travers ce texte et à laquelle il répond.
Peut-on perdre sa liberté ?
Notre liberté dépend-elle des circonstances historiques ?
Jusqu'où le pouvoir peut-il menacer la liberté individuelle ?

II Faire appel à d'autres textes pour mettre le propos de Sartre en perspective

– Sartre, *L'existentialisme est un humanisme*, p. 92 et p. 47 (chapitre 2)
– Klemperer, *LTI, la langue du IIIe Reich*, p. 92
– Milner, « Les valets du contrôle », *Le Nouvel Âne*, p. 93
– Hannah Arendt, *Eichmann à Jérusalem, Rapport sur la banalité du mal*, p. 37 (chapitre 2)

→ **Lisez les textes et essayez de voir comment ils peuvent vous aider à réfléchir à la question.**
→ **Déterminez quels textes utiliser dans quelle partie.**

Explication du texte

I Rédiger l'introduction

→ **Étape 1. Partir d'une observation courante, d'un constat en accord avec le sens commun**

Une démocratie est un régime politique garantissant la liberté et l'égalité des citoyens. On pourrait donc dire que la liberté individuelle dépend du pays dans lequel nous vivons et de la période historique à laquelle nous appartenons.

→ **Étape 2. Trouver une objection, une nuance permettant d'interroger la première observation**

Or Sartre affirme paradoxalement dans ce texte que « jamais nous n'avons été plus libres que sous l'Occupation allemande ».

→ **Étape 3. Poser la problématique du texte sous forme de question**

Quelle conception de la liberté Sartre cherche-t-il à défendre ici ?

→ **Étape 4. Annoncer la thèse de l'auteur dans le texte**

Pour lui, la liberté dépend de nous et justement, les obstacles politiques, comme un régime d'oppression, mettent à l'épreuve la liberté de chacun, mais ne la font pas disparaître.

→ **Étape 5. Annoncer le plan**

Nous verrons, dans une première partie, comment Sartre défend la thèse selon laquelle la suppression des droits ne signifie pas la disparition de la possibilité de la liberté. Dans une deuxième partie, nous verrons en quel sens l'engagement est nécessaire pour faire exister sa liberté. Enfin, dans une troisième partie, nous expliquerons pourquoi Sartre peut défendre l'idée que le nazisme a mis chaque individu face à la nécessité de choisir le sens de son existence. Après avoir expliqué ce texte, nous nous demanderons si nous pouvons perdre notre liberté et dans quelle mesure elle peut survivre au totalitarisme.

II Procéder à l'explication ordonnée du texte

I. La privation des droits (l. 1 à 6)

● Sartre commence par formuler une thèse non seulement paradoxale, mais aussi provocatrice. Au moment même où chaque français s'est vu dépossédé de ses droits par le pouvoir totalitaire du régime nazi, au moment où chacun s'est vu confronté à la politique de déportation mise en œuvre par Hitler, chacun s'est en même temps retrouvé face à sa liberté. La liberté s'affirme contre les obstacles qu'elle rencontre, en tant que lutte pour la liberté.

II. L'engagement nécessaire (l. 6 à 13)

- La liberté n'est donc pas donnée, elle est le produit d'un engagement, d'un combat. Or le nazisme a forcé chacun à choisir son camp, collaborateurs ou résistants. Pour Sartre, les circonstances de la guerre ont obligé chacun à affronter la condition humaine qui fait que « nous sommes condamnés à être libres » (voir texte 3 p. 47 de Sartre).

III. La condition humaine révélée par l'oppression (l. 13 à 21)

- Dans les époques heureuses, on vit souvent en fuyant sa propre liberté, parce que l'on n'est pas contraint à faire des choix. Pour Sartre, les époques malheureuses, celles dans lesquelles les circonstances historiques sont défavorables à la liberté, ces époques-là confrontent chacun dans son quotidien à la peur de mourir. C'est en choisissant de risquer sa vie pour défendre sa liberté qu'on réalise son humanité.

III Dégager l'intérêt et la portée philosophique du texte

→ Dégager l'intérêt de la thèse de l'auteur

- Sartre ne dit pas que les circonstances historiques n'ont aucun poids sur les individus. Il ne nie pas, par conséquent, l'inscription de l'individu dans l'histoire. Mais ayant reconnu cette importance du contexte historique, on pourrait être tenté d'en conclure que la liberté de l'individu dépend des possibilités extérieures. Or Sartre montre justement comment la liberté forme en chacun un noyau irréductible qui doit se réaliser contre les obstacles extérieurs. De même qu'on ne naît pas lâche ou héros, notre lâcheté ou notre héroïsme ne dépendent pas non plus des circonstances historiques, mais de notre choix profond (voir texte 1 p. 92).

- Pour lui, cette période d'occupation de la France par les Allemands pendant la Seconde Guerre mondiale, n'a pas fait disparaître la liberté des citoyens français, au contraire, elle a forcé chacun à défendre cette liberté contre l'extérieur qui cherchait à l'anéantir. Et d'une certaine façon, la mise en danger de l'individu le poussera à affirmer sa liberté politique. Sous l'Occupation, chacun était condamné à choisir. Personne ne pouvait faire ce choix de la mauvaise foi, qui consiste à refuser de faire un choix.

- Pour Sartre, il n'y a pas de déterminisme au sens où les circonstances ne conditionnent pas l'individu, mais le provoquent. Or pendant la guerre, chacun était conduit à affronter cette angoisse de la liberté qui, selon l'auteur, est propre à la condition humaine et qui peut prendre à un moment de l'histoire la forme de l'angoisse devant l'oppresseur.

→ Dégager la portée de la thèse

- Cette thèse de Sartre peut s'appliquer paradoxalement à ceux qui ont participé au nazisme et qui ont pris le parti des bourreaux. En effet, la notion de crime contre l'humanité, inventée par le droit international après la guerre, suppose que chaque membre du régime nazi était responsable de ses actes et par conséquent, libre de ses choix.

- Comme Hannah Arendt nous l'a appris, Eichmann, lors de son procès, a essayé de se dérober au jugement, en affirmant qu'il n'avait fait qu'obéir aux ordres.

- Si la communauté internationale a voulu juger ces criminels, c'est pour défendre l'idée d'un devoir de désobéir à la loi totalitaire. En effet, cette loi qui tente d'anéantir la conscience morale de chacun en commandant de tuer, exige de chacun une capacité de résistance puissante à la tentation de faire le mal, car cette loi transforme notre rapport au bien et au mal. Alors que dans les pays civilisés le mal est un interdit, ici il devient avec les nazis un devoir (voir texte 4 p. 37). Résister à ce commandement barbare, c'est donc reconnaître le mal, même lorsqu'il se fait passer pour une loi exigeant une obéissance absolue.

- D'une certaine façon, le texte de Sartre nous permet de dire que même les nazis étaient libres et qu'ils ont choisi ce qu'ils ont fait. Aucun homme ne peut attribuer à d'autres la responsabilité de ses actes.

Confronter la thèse de l'auteur avec une thèse différente

- Cependant, on ne peut pas suivre totalement la thèse sartrienne si on prend en compte la nature du totalitarisme. Les populations persécutées se sont retrouvées réduites par la violence du pouvoir à l'état d'objet à éliminer. Le linguiste **Victor Klemperer**, qui a échappé à la déportation pendant la guerre en raison de son union avec une aryenne, témoigne de cette « réification », de cette chosification des juifs par les nazis, dans le journal qu'il a écrit clandestinement pendant la Seconde Guerre mondiale. Il nous montre que dans la langue même que parlaient les nazis, l'ennemi était désigné comme une chose matérielle qu'il fallait « liquider ». Cette langue témoigne de la violence du nazisme qui avait pour ambition d'ôter toute humanité à ses ennemis **(voir texte 2 p. 92)**. Le pouvoir totalitaire, relayé par la force de l'armée, réduit à néant la possibilité de résistance de ceux qui sont désignés comme des ennemis du genre humain.
- Donc, on ne peut pas dire que les juifs étaient libres lors de la Seconde Guerre mondiale, puisqu'ils étaient victimes de cette politique d'extermination en raison même de leur être. Si Victor Klemperer a pu affirmer sa liberté en écrivant en secret toutes les nuits pour témoigner de la langue que parlaient les nazis, pour noter toutes les expressions qu'employait l'oppresseur afin de décrire leur idéologie, c'est aussi parce qu'il a été épargné du fait d'être marié à une aryenne. Au grand jour, il subissait l'oppresseur et vivait quotidiennement dans la terreur. On peut donc dire que pour les persécutés, continuer d'être libre, c'était accepter de l'être en secret, afin de résister individuellement au contrôle totalitaire (**voir texte 3 p. 93** de **Milner**).
- Par conséquent, la thèse de Sartre s'applique plutôt à ceux qui n'étaient pas persécutés et qui eux pouvaient choisir entre la Collaboration et la Résistance. Eux pouvaient tromper l'ennemi et donc faire preuve de courage. Les juifs par contre n'avaient pas le choix. Ils devaient se cacher ou risquaient d'être déportés. On peut donc se demander si la thèse de Sartre ne sous-estime pas quelque peu la violence du pouvoir totalitaire qui passe par la mise en œuvre rationnelle d'une politique d'extermination en masse.

IV Rédiger la conclusion

Résumer en quelques phrases le sens de la thèse de l'auteur et sa portée, afin de répondre à l'introduction

La force de la thèse de Sartre réside en quelque sorte dans son optimisme : aucun pouvoir ne peut nous ôter notre liberté individuelle, car la liberté ne dépend pas des circonstances historiques, elle relève d'un choix et révèle la condition humaine.
Toutefois, sa thèse est peut-être aussi un peu idéaliste en ce qu'elle ne donne pas tout son poids à l'horreur du contrôle totalitaire qui cherchait à s'exercer aussi bien sur les corps que sur les pensées.

Texte 1

Ce que nous voulons dire, c'est qu'un homme n'est rien d'autre qu'une série d'entreprises, qu'il est la somme, l'organisation, l'ensemble des relations qui constituent ces entreprises.

Dans ces conditions, ce qu'on nous reproche là, ce n'est pas au fond notre pessimisme, mais une dureté optimiste. Si les gens nous reprochent nos œuvres romanesques dans lesquelles nous décrivons des êtres veules, faibles, lâches et quelquefois même franchement mauvais, ce n'est pas uniquement parce que ces êtres sont veules, faibles, lâches ou mauvais : car si, comme Zola, nous déclarions qu'ils sont ainsi à cause de l'hérédité, à cause de l'action du milieu, de la société, à cause d'un déterminisme organique ou psychologique[1], les gens seraient rassurés, ils diraient : voilà, nous sommes comme ça, personne ne peut rien y faire ; mais l'existentialiste[2], lorsqu'il décrit un lâche, dit que ce lâche est responsable de sa lâcheté. Il n'est pas comme ça parce qu'il a un cœur, un poumon ou un cerveau de lâche, il n'est pas comme ça à partir d'une organisation physiologique mais il est comme ça parce qu'il s'est construit comme lâche par ses actes. Il n'y a pas de tempérament lâche ; il y a des tempéraments nerveux, il y a du sang pauvre, comme disent les bonnes gens, ou des tempéraments riches ; mais l'homme qui a un sang pauvre n'est pas un lâche pour autant, car ce qui fait la lâcheté, c'est l'acte de renoncer ou de céder, un tempérament n'est pas un acte ; le lâche est défini à partir de l'acte qu'il a fait. Ce que les gens sentent obscurément et qui leur fait horreur, c'est que le lâche que nous présentons est coupable d'être lâche. Ce que les gens veulent, c'est qu'on naisse lâche ou héros.

SARTRE, *L'existentialisme est un humanisme* (1946), © Gallimard, pp. 58-60.

1. Cause corporelle ou mentale qui serait à l'origine de l'action humaine selon un principe de causalité.
2. Partisan de l'existentialisme, doctrine selon laquelle l'existence de l'homme ne peut se définir en dehors d'un choix humain.

Quelle est la thèse de ce texte ?

....

Comment pouvez-vous l'intégrer au développement de votre commentaire ?

....

....

Texte 2

Pourquoi [...] une évidente et indubitable brutalité se fait-elle jour lorsqu'une gardienne du camp de concentration de Belsen déclare devant le tribunal de guerre que, tel et tel jour, elle avait eu affaire à seize « éléments » [*Stück*] ? [...] avec les « éléments », il s'agit d'une réification. C'est la même réification qui s'exprime dans le terme officiel de « récupération de cadavres », ou plutôt dans son extension aux cadavres humains : on fait de l'engrais avec des morts du camp et l'on désigne cela exactement du même nom que le traitement des cadavres d'animaux.

Cette réification se manifeste de manière plus intentionnelle et elle est dictée par une haine acharnée – derrière laquelle se trouve déjà le commencement du désespoir de l'impuissance – dans une phrase stéréotypée des communiqués de l'armée, surtout de ceux publiés en 1944. On y insiste constamment sur le fait que les bandes armées n'obtiendront aucun pardon ; à propos de la Résistance française, en particulier, qui grossit de plus en plus, on peut lire régulièrement : tant [de personnes] ont été « abattues ». À l'emploi du verbe « abattre » on remarque la rage contre l'adversaire, mais au moins est-il encore considéré ici comme un ennemi haï, donc comme une personne. Alors que, par la suite, on lira quotidiennement : tant ont été « liquidés ». Liquider est un mot de la langue commerciale et, en tant que mot d'origine étrangère, encore un peu plus froid et un peu plus objectif que ses équivalents allemands ; on dit, en allemand, qu'un médecin « liquide » ses honoraires en échange des soins qu'il a donnés, et qu'un commerçant « liquide » son affaire. Dans le premier cas, il s'agit de l'évaluation des soins médicaux en argent liquide et dans le second, du règlement définitif, de la cessation d'une affaire. Quand des êtres humains sont « liquidés », c'est qu'ils sont « expédiés » ou « achevés » comme des choses matérielles. Dans la langue des camps de concentration, on disait qu'un groupe de personnes étaient « conduites à la solution finale » lorsqu'elles étaient tuées par balles ou envoyées dans les chambres à gaz.

KLEMPERER, *LTI, la langue du IIIe Reich*, Pocket, 2006, pp. 200-201.

Quelle est la thèse de ce texte ?

....

Comment pouvez-vous l'intégrer au développement de votre commentaire ?

....

....

Texte 3

Le fort contrôle le faible, le faible ne contrôle pas le fort. Autrement dit, le contrôle est une forme épurée, javellisée, du droit du plus fort. Quelle que soit la source de cette force, car il en est une infinité ; pouvoir d'État ou pression de l'opinion ou pression de tel groupe ou tout simplement, l'inertie. [...] il y a un lieu géométrique de la faiblesse, c'est l'individu. Contrairement aux légendes qui courent dans les démocraties modernes, il n'est pas le lieu géométrique de la force ; il est le lieu géométrique de la faiblesse et c'est lui qui va toujours payer, en fin de compte, le prix de la relation de contrôleur à contrôlé.

De là, la très grande importance du secret : c'est une résistance matérielle à la force du contrôle. Résistance que le plus faible oppose au plus fort. Non pas une résistance passive, mais une résistance active : le plus fort prend l'arme du secret en pleine figure comme une gifle. Non pas une résistance morale, mais une résistance matérielle, usant de la propriété que Kant reconnaissait à la matière : l'impénétrabilité.

MILNER, « Les valets du contrôle », in *Le Nouvel Âne* n° 6, mars 2005, p. 21.

Quelle est la thèse de ce texte ?

....

Comment pouvez-vous l'intégrer au développement de votre commentaire ?

....

....

SUJET 3 Dissertation

« Peut-il être raisonnable de désobéir à la loi ? »

Méthode d'analyse du sujet

I Analyser le sujet

→ **Analyser les concepts de la question**

....

....

....

→ **Rechercher d'autres concepts associés ou opposés au sujet**

....

....

→ **Comprendre comment la question est posée**

....

....

....

→ **Reformuler la question**

....

....

II Faire appel aux textes philosophiques pour traiter le sujet

- Rousseau, *Du contrat social*, p. 96
- Saint Thomas d'Aquin, *Somme théologique*, p. 96
- Pascal, *Pensées*, p. 97
- Milner, « Les valets du contrôle », *Le Nouvel Âne*, p. 93
- Hannah Arendt, *Eichmann à Jérusalem, Rapport sur la banalité du mal*, p. 37 (chapitre 2)
- Hobbes, *Le Citoyen*, p. 46 (chapitre 2)

Développement du plan en trois parties

III Élaborer un plan

→ **Identifier trois parties, en donnant à chacune d'elle un titre :**

Partie 1 : La thèse :

....

....

Partie 2 : L'antithèse :

....

....

Partie 3 : La synthèse :

IV Rédiger l'introduction

→ **Étape 1. Partir d'une observation courante, d'un constat en accord avec le sens commun**

→ **Étape 2. Trouver une objection, une nuance permettant d'interroger la première observation**

→ **Étape 3. Poser la question du sujet**

→ **Étape 4. Reformuler la question**

→ **Étape 5. Annoncer le plan**

V Rédiger la conclusion

Montrer comment le déroulement des trois parties a permis de répondre à la question posée

Texte 1

Mais qu'est-ce donc enfin qu'une loi ? Tant qu'on se contentera de n'attacher à ce mot que des idées métaphysiques, on continuera de raisonner sans s'entendre, et quand on aura dit ce que c'est qu'une loi de la nature on n'en saura pas mieux ce que c'est qu'une loi de l'État.

[...] quand tout le peuple statue sur tout le peuple il ne considère que lui-même, et s'il se forme alors un rapport, c'est de l'objet entier sous un point de vue à l'objet entier sous un autre point de vue, sans aucune division du tout. Alors la matière sur laquelle on statue est générale comme la volonté qui statue. C'est cet acte que j'appelle une loi.

Quand je dis que l'objet des lois est toujours général, j'entends que la loi considère les sujets en corps et les actions comme abstraites, jamais un homme comme individu ni une action particulière. Ainsi la loi peut bien statuer qu'il y aura des privilèges, mais elle n'en peut donner nommément à personne ; la loi peut faire plusieurs classes de citoyens, assigner même les qualités qui donneront droit à ces classes, mais elle ne peut nommer tels et tels pour y être admis ; elle peut établir un gouvernement royal et une succession héréditaire, mais elle ne peut élire un roi ni nommer une famille royale ; en un mot toute fonction qui se rapporte à un objet individuel n'appartient point à la puissance législative.

ROUSSEAU, *Du contrat social*, livre II, chap. VI, « De la loi », 1762, G.F., pp. 74-75.

Quelle est la thèse de ce texte ?

....

Comment pouvez-vous l'intégrer au développement de votre dissertation ?

....

....

....

Texte 2

Nous avons dit, à propos de l'étude des lois, que les actes humains soumis aux lois portent sur des situations singulières qui peuvent varier à l'infini. Il est donc impossible d'instituer une loi qui ne serait jamais dans aucun cas en défaut. Pour établir une loi, les législateurs considèrent les conditions générales ; mais l'observance de cette loi serait dans certaines situations contraire à la justice et au bien commun que la loi entend sauvegarder. Par exemple, la loi déclare qu'il faut rendre un dépôt, ce qui est juste dans la généralité des cas, mais peut devenir dangereux dans des cas particuliers, tel le fou qui réclame l'épée qu'il a déposée, ou l'individu qui demande son dépôt pour trahir sa patrie. En pareilles circonstances et en d'autres semblables, il serait mal d'obéir à la loi, et le bien consiste alors à transgresser la lettre de la loi pour rester fidèle à l'esprit de la justice et à l'exigence du bien commun.

SAINT THOMAS D'AQUIN, *Somme théologique*,
trad. A. Raulin et A.-M. Roguet, © Éditions du Cerf, 1984.

Quelle est la thèse de ce texte ?

....

....

Comment pouvez-vous l'intégrer au développement de votre dissertation ?

....

....

....

Texte 3

Il est dangereux de dire au peuple que les lois ne sont pas justes, car il n'y obéit qu'à cause qu'il les croit justes. C'est pourquoi il lui faut dire en même temps qu'il y faut obéir parce qu'elles sont lois, comme il faut obéir aux supérieurs, non pas parce qu'ils sont justes, mais parce qu'ils sont supérieurs. Par là, voilà toute sédition prévenue si on peut faire entendre cela, et [...] (c'est) proprement la définition de la justice.

PASCAL, *Pensées*, © Éditions Pierre Cailler, Genève, 1947, p. 194.

Quelle est la thèse de ce texte ?

....

....

Comment pouvez-vous l'intégrer au développement de votre dissertation ?

....

....

....

Voir aussi
- Hannah ARENDT, *Eichmann à Jérusalem, Rapport sur la banalité du mal,* p. 37
- HOBBES, *Le Citoyen,* p. 46
- MILNER, « Les valets du contrôle », *Le Nouvel Âne,* p. 93

Commentaire de texte

Je veux imaginer sous quels traits nouveaux le despotisme pourrait se produire dans le monde : je vois une foule innombrable d'hommes semblables et égaux qui tournent sans repos sur eux-mêmes pour se procurer de petits et vulgaires plaisirs, dont ils emplissent leur âme. Chacun d'eux, retiré à l'écart, est comme étranger à la destinée de tous les autres : ses enfants et ses amis particuliers forment pour lui toute l'espèce humaine : quant au demeurant de ses concitoyens, il est à côté d'eux, mais il ne les voit pas ; il les touche et ne les sent point ; il n'existe qu'en lui-même et pour lui seul, et, s'il lui reste encore une famille, on peut dire du moins qu'il n'a plus de patrie.

Au-dessus de ceux-là s'élève un pouvoir immense et tutélaire, qui se charge seul d'assurer leur jouissance et de veiller sur leur sort. Il est absolu, détaillé, régulier, prévoyant et doux. Il ressemblerait à la puissance paternelle si, comme elle, il avait pour objet de préparer les hommes à l'âge viril ; mais il ne cherche, au contraire, qu'à les fixer irrévocablement dans l'enfance ; il aime que les citoyens se réjouissent, pourvu qu'ils ne songent qu'à se réjouir. Il travaille volontiers à leur bonheur ; mais il veut en être l'unique agent et le seul arbitre ; il pourvoit à leur sécurité, prévoit et assure leurs besoins, facilite leurs plaisirs, conduit leurs principales affaires, dirige leur industrie, règle leurs successions, divise leurs héritages ; que ne peut-il leur ôter entièrement le trouble de penser et la peine de vivre ?

TOCQUEVILLE, *De la démocratie en Amérique II.*

Méthode d'approche du texte

I Lire le texte plusieurs fois en cherchant à :

→ **Repérer le thème du texte**

....

....

→ **Repérer la thèse**

....

....

→ **Repérer la structure du texte**

....

....

....

→ **Reconnaître les concepts philosophiques**

....

....

→ **Formuler la problématique**

....

....

....

II Faire appel à d'autres textes pour mettre le texte de Tocqueville en perspective

- Spinoza, *Traité théologico-politique*, p. 101
- Tocqueville, *De la démocratie en Amérique*, p. 101
- Kant, *Théorie et Pratique*, p. 102
- Hardt et Négri, *Empire*, p. 102

→ **Lisez les textes et essayez de voir comment ils peuvent vous aider à réfléchir à la question.**
→ **Déterminez quels textes utiliser dans quelle partie.**

Explication du texte

I Rédiger l'introduction

→ **Étape 1. Partir d'une observation courante, d'un constat en accord avec le sens commun**

....

....

→ **Étape 2. Trouver une objection, une nuance permettant d'interroger la première observation**

....

....

→ **Étape 3. Poser la problématique du texte sous forme de question**

....

....

→ **Étape 4. Annoncer la thèse de l'auteur dans le texte**

....

....

→ **Étape 5. Annoncer le plan**

....

....

....

II Procéder à une explication ordonnée du texte

I ....

....

....

II ....

....

....

III ....

....

....

III Dégager l'intérêt et la portée philosophique du texte

→ **Dégager l'intérêt de la thèse de l'auteur**

→ **Dégager la portée de la thèse**

→ **Confronter la thèse de l'auteur avec une thèse différente**

IV Rédiger la conclusion

→ **Résumer en quelques phrases le sens de la thèse de l'auteur et sa portée, afin de répondre à l'introduction**

Texte 1

Des fondements de l'État tels que nous les avons expliqués ci-dessus, il résulte avec la dernière évidence que sa fin dernière n'est pas la domination ; ce n'est pas pour tenir l'homme par la crainte et faire qu'il appartienne à un autre que l'État est institué ; au contraire c'est pour libérer l'individu de la crainte, pour qu'il vive autant que possible en sécurité, c'est-à-dire conserve, aussi bien qu'il se pourra, sans dommage pour autrui, son droit naturel d'exister et d'agir. Non, je le répète, la fin de l'État n'est pas de faire passer les hommes de la condition d'êtres raisonnables à celle de bêtes brutes ou d'automates, mais au contraire il est institué pour que leur âme et leur corps s'acquittent en sûreté de toutes leurs fonctions, pour qu'eux-mêmes usent d'une Raison libre, pour qu'ils ne luttent point de haine, de colère ou de ruse, pour qu'ils se supportent sans malveillance les uns les autres. La fin de l'État est donc en réalité la liberté.

SPINOZA, *Traité théologico-politique*, in *Œuvres*, tome II, trad. C. Appuhn, © Flammarion, G.F., 1986, pp. 329-330.

Quelle est la thèse de ce texte ?

....

Comment pouvez-vous l'intégrer au développement de votre commentaire ?

....

....

Texte 2

Ce goût particulier que les hommes des siècles démocratiques conçoivent pour les jouissances matérielles n'est point naturellement opposé à l'ordre ; au contraire, il a souvent besoin de l'ordre pour se satisfaire. Il n'est pas non plus ennemi de la régularité des mœurs ; car les bonnes mœurs sont utiles à la tranquillité publique et favorisent l'industrie. Souvent même il vient à se combiner avec une sorte de moralité religieuse ; on veut être le mieux possible dans ce monde, sans renoncer aux chances de l'autre. [...]

Ce que je reproche à l'égalité, ce n'est pas d'entraîner les hommes à la poursuite des jouissances défendues ; c'est de les absorber entièrement dans la recherche des jouissances permises.

Ainsi, il pourrait bien s'établir dans le monde une sorte de matérialisme honnête qui ne corromprait pas les âmes, mais qui les amollirait et finirait par détendre sans bruit tous leurs ressorts.

TOCQUEVILLE, *De la démocratie en Amérique*, tome II, chap. XI, G.F., Flammarion, 1994, pp. 166-167.

Quelle est la thèse de ce texte ?

....

Comment pouvez-vous l'intégrer au développement de votre commentaire ?

....

....

Texte 3

La liberté en tant qu'homme dont on peut formuler le principe pour la constitution d'une communauté de la manière suivante : personne ne peut me contraindre à être heureux à sa manière (c'est-à-dire à la manière dont il conçoit le bien-être des autres hommes) ; par contre, chacun peut chercher son bonheur de la manière qui lui paraît bonne, à condition de ne pas porter préjudice à la liberté qu'a autrui de poursuivre une fin semblable (c'est-à-dire de ne pas porter préjudice au droit d'autrui), liberté qui peut coexister avec la liberté de chacun grâce à une possible loi universelle. Un gouvernement qui serait fondé sur le principe de la bienveillance envers le peuple, comme celui d'un *père* envers ses enfants, c'est-à-dire un *gouvernement paternaliste* (*imperium paternale*), où les sujets sont forcés de se conduire d'une manière simplement passive, à la manière d'enfants mineurs, incapables de distinguer ce qui leur est vraiment utile ou nuisible et qui doivent attendre simplement du jugement du chef d'État la manière dont ils *doivent* être heureux et simplement de sa bonté qu'également il le veuille, est le plus grand despotisme qu'on puisse concevoir (c'est-à-dire une Constitution qui supprime toute liberté pour les sujets qui ainsi ne possèdent aucun droit).

KANT, *Théorie et Pratique*, IIe partie, § 5, trad. J.-M. Muglioni, © Hatier, « Profil philosophie », 1990, p. 65.

Quelle est la thèse de ce texte ?

....

Comment pouvez-vous l'intégrer au développement de votre commentaire ?

....

....

Texte 4

Foucault se réfère habituellement à l'Ancien Régime et à la période classique de la civilisation française pour illustrer l'apparition de la disciplinarité, mais l'on pourrait dire, plus généralement, que la première phase d'accumulation capitaliste dans son entier (en Europe comme ailleurs) s'est faite sous ce modèle de pouvoir. On doit comprendre la société de contrôle comme la société qui se développe à l'extrême fin de la modernité et ouvre sur le postmoderne, et dans laquelle les mécanismes de maîtrise se font toujours plus « démocratiques », toujours plus immanents au champ social, diffusés dans le cerveau et le corps des citoyens. Les comportements d'intégration et d'exclusion sociale propres au pouvoir sont ainsi de plus en plus intériorisés dans les sujets eux-mêmes. Le pouvoir s'exerce maintenant par des machines qui organisent directement les cerveaux (par des systèmes de communication, des réseaux d'informations, etc.) et les corps (par des systèmes d'avantages sociaux, des activités encadrées, etc.) vers un état d'aliénation autonome, en partant du sens de la vie et du désir de créativité.

HARDT et NEGRI, *Empire*, © Exils Éditeur, 2000, pp. 48-50.

Quelle est la thèse de ce texte ?

....

Comment pouvez-vous l'intégrer au développement de votre commentaire ?

....

....

5

La raison et le réel

Théorie et expérience
La démonstration
L'interprétation
Le vivant
La matière et l'esprit
La vérité

Les enjeux philosophiques

L'ambition des sciences est de proposer une description rationnelle des phénomènes naturels, et peut-être même aussi des phénomènes humains. La **raison** prétend donc explorer le labyrinthe du **réel** pour en clarifier la structure et en démontrer l'intelligibilité. C'est grâce à l'application des mathématiques à la nature que la physique a pu prétendre au statut de science.

Ainsi l'**expérience** est devenue un outil de la science. Elle s'est définie comme expérimentation, en se fondant sur une **théorie**, afin d'énoncer des lois de la physique.

La biologie, en tant que science du **vivant**, tente elle aussi de décrire l'organisme en termes physico-mathématiques, afin d'en découvrir le fonctionnement.

Cependant, une question se pose relativement à cette ambition scientifique : faut-il chercher aussi des lois physico-mathématiques afin d'expliquer le fonctionnement de l'**esprit** lui-même ? Peut-on réduire l'humain à un déterminisme **matériel** ? Toute expérience subjective est-elle nécessairement impropre au dévoilement d'une vérité ?

La nécessité d'inventer d'autres modes de connaissances, quand il s'agit de l'être humain, peut apparaître légitime : plutôt que de **démontrer**, il s'agirait de savoir **interpréter**, c'est-à-dire de savoir faire surgir un sens qui n'a de valeur que par rapport à un sujet. Ainsi la démonstration scientifique ne serait pas le seul chemin d'accès à la **vérité**. Dès que l'on touche à l'existence humaine, la vérité ne peut émerger qu'à partir d'une interprétation, au sein d'une expérience singulière, qui vient dévoiler un sens resté jusque-là silencieux.

SUJET 1 Dissertation

« Toute vérité a-t-elle besoin d'être prouvée ? »

Méthode d'analyse du sujet

I Analyser le sujet

→ Analyser les concepts de la question

– la **vérité** : vérité scientifique et objective, vérité existentielle et subjective.

– la **preuve** : vérification, test, expérimentation, démonstration.

→ Rechercher d'autres concepts associés ou opposés au sujet

– Ce qui est « prouvé » peut être opposé à ce qui est de l'ordre de la croyance, du préjugé, voire de l'illusion.

– « la vérité » peut être opposée à l'erreur, à l'ignorance, à l'illusion, au délire.

→ Comprendre comment la question est posée

Il faut s'interroger sur l'article « toute » qui invite à envisager la totalité des vérités possibles, c'est-à-dire qui invite à penser la vérité de façon uniforme, quel que soit le genre de vérité dont il est question.

→ Reformuler la question

– La preuve est-elle toujours nécessaire pour établir une vérité ?

– Vérifier une vérité scientifique, est-ce la même chose que découvrir une vérité personnelle ?

– Certaines vérités peuvent-elles se passer de preuves ?

II Faire appel aux textes philosophiques pour traiter le sujet

– Gaston Bachelard, *La Formation de l'esprit scientifique*, p. 107

– Claude Bernard, *Introduction à la médecine expérimentale*, p. 107

– Kierkegaard, *Journal (1834-1839)*, p. 108

– Lacan, *Le Séminaire*, p. 108

– Pascal, *Pensées*, p. 109

– Descartes, « Le cogito », *Discours de la méthode*, p. 11 (chapitre 1)

→ Lisez les textes et essayez de voir comment ils peuvent vous aider à réfléchir à la question.

→ Déterminez quels textes utiliser dans quelle partie.

III Élaborer un plan

Vous devez construire votre dissertation en trois parties : la thèse, l'antithèse et la synthèse.

- **La thèse** (I) est la réponse la plus immédiate à la question posée. C'est une phrase affirmative.
- **L'antithèse** (II) émet une objection à la thèse. C'est une phrase qui commence par « pourtant », « cependant », « mais ».
- **La synthèse** (III) est la réponse la plus intéressante trouvée à la question : elle propose une définition du concept majeur de la question en intégrant les apports de la thèse et de l'antithèse.

I. Une vérité a besoin d'être prouvée.

II. La preuve scientifique ne convient qu'aux vérités de faits.

III. Toute vérité a besoin d'être « éprouvée ».

IV Rédiger l'introduction

Vous devez respecter les cinq étapes suivantes :

→ **Étape 1. Partir d'une observation courante, d'un constat en accord avec le sens commun**

À chacun sa vérité, telle est la croyance commune. Nous aurions le droit d'avoir chacun notre version de ce qui est vrai et de ce qui est faux.

→ **Étape 2. Trouver une objection, une nuance permettant d'interroger la première observation**

Pourtant, s'il fallait s'en tenir à ce relativisme, il n'y aurait aucune différence entre la vérité et l'opinion. C'est pourquoi, lorsqu'on se réclame de la vérité, il faut aussi être en mesure de donner des preuves de ce qu'on avance.

→ **Étape 3. Poser la question du sujet**

Toute vérité a-t-elle besoin d'être prouvée ?

→ **Étape 4. Reformuler la question**

La preuve est-elle toujours nécessaire pour poser une vérité ?

Toute vérité peut-elle être prouvée de façon scientifique ?

Vérifier une vérité scientifique, est-ce la même chose que découvrir une vérité personnelle ?

→ **Étape 5. Annoncer le plan**

Dans une première partie, nous verrons en quel sens une vérité a besoin d'être prouvée de façon rationnelle pour être valable. Dans une deuxième partie, nous montrerons que la preuve scientifique ne convient qu'aux vérités de faits, et non aux vérités subjectives. Enfin, dans une troisième partie, nous verrons dans quelle mesure une vérité a toujours besoin d'être « éprouvée » pour s'affirmer comme légitime.

Développement du plan en trois parties

I. Une thèse : Une vérité a besoin d'être prouvée

● Une vérité prétend avoir une valeur différente qu'une simple opinion immédiate. Elle prétend justement avoir une valeur universelle, c'est-à-dire qu'elle s'affirme comme ne dépendant pas d'un jugement particulier, mais comme se fondant sur un raisonnement.

C'est pourquoi Gaston Bachelard affirme qu'une vérité scientifique, par principe, ne peut naître d'une opinion **(voir texte 1 p. 107)**. Une vérité, justement parce qu'elle a besoin d'être prouvée, d'être établie par la raison, ne peut se fonder sur l'opinion. Ainsi, selon Bachelard, quiconque veut faire des sciences et découvrir des vérités scientifiques, doit renoncer à l'opinion immédiate, qui ne repose sur aucune preuve et qui « en droit » a toujours tort.

● De plus, la démarche scientifique consiste même à prouver la preuve, c'est-à-dire à la mettre à l'épreuve d'une contre-épreuve. C'est le sens de la méthode expérimentale telle que l'a définie Claude Bernard **(voir texte 2 p. 107)**. Une vérité scientifique, c'est une vérité qui résiste à la contre-épreuve. La vérité a donc non seulement besoin de preuve, mais aussi de contre-épreuve.

● Nous pouvons donc en conclure que sans preuve scientifique, c'est-à-dire sans confrontation avec l'expérimentation, une vérité n'a pas de légitimité et devient métaphysique au sens où elle n'a pas de fondement physique.

II. Une antithèse : La preuve scientifique ne convient qu'aux vérités de faits

- Si on ne peut établir de vérités sur les phénomènes naturels sans prouver les hypothèses proposées grâce à des expérimentations scientifiques, peut-on, de la même façon, réclamer des preuves expérimentales pour établir des vérités sur les phénomènes humains ? La vérité, lorsqu'elle porte sur l'existence humaine, a-t-elle le même sens que la vérité scientifique ?
La vérité scientifique a besoin de preuves scientifiques. Soit. Mais la vérité que l'on peut découvrir sur soi-même ne semble pas nécessairement obéir à la logique de la preuve. En effet, c'est plutôt à travers un cheminement personnel singulier que l'on peut découvrir une vérité sur soi, qui n'aura rien à voir avec un fonctionnement ou une loi universelle.
Ainsi, Kierkegaard aperçoit une différence de nature entre la vérité objective, celle qui explique rationnellement le monde, et la vérité existentielle, celle qui peut nous orienter dans notre existence singulière (voir texte 3 p. 108). Cette vérité-là ne semble pas pouvoir se prouver par une démarche rationnelle. Elle relève d'une recherche plus sinueuse qui échappe aux lois de la raison. C'est une vérité qui doit m'aider à m'orienter dans mon existence.

- C'est en effet à partir d'une telle recherche que Descartes a découvert cette première vérité, « je pense, donc je suis », qui ne peut être prouvée autrement que par une intuition. C'est en s'aventurant dans une méditation le conduisant à douter de tout, que Descartes découvre de façon inattendue cette vérité sur son identité (voir texte 2 p. 11).

- La preuve scientifique ne convient donc qu'aux vérités qui portent sur la matière, sur les phénomènes matériels, lesquels obéissent à la loi de la causalité. Mais la preuve scientifique n'a aucun sens si on cherche à l'appliquer à des vérités portant sur le sens de l'existence humaine.

III. Une synthèse : Toute vérité a besoin d'être « éprouvée »

- On peut donc dire que toute vérité n'a pas besoin d'être prouvée scientifiquement, et que ce serait même faire un contresens sur la vérité que de vouloir la prouver de façon toujours identique. La preuve scientifique convient aux vérités portant sur des faits matériels.
Cependant, faut-il penser pour autant que la vérité sur soi n'a pas de fondement ? Peut-on, malgré cette absence de preuve scientifique, distinguer une vérité subjective d'une simple opinion ou d'un préjugé ?

- La psychanalyse nous a appris que la vérité se signale justement à partir de son mode de surgissement, toujours inattendu et surprenant. La vérité de l'inconscient vient toujours déranger les illusions de la conscience. Ainsi, Lacan nous montre que la vérité est une épreuve pour le sujet lui-même qui la découvre au moment où il se méprend sur ce qu'il voulait dire (voir texte 4 p. 108).
Pascal avait choisi de faire une distinction entre les vérités du cœur et celles de la raison, affirmant que la raison était impuissante à prouver justement ces vérités du cœur, ne relevant pas d'un raisonnement (voir texte 5 p. 109). On pourrait dire finalement que toute vérité a besoin d'être éprouvée par le sujet et que ce qui prouve en quelque sorte au sujet qu'il a découvert une vérité, c'est l'effet qu'elle a sur lui, l'effet de vérité justement qui lui permettra de se retourner sur ses actes et d'en saisir le sens.

- On pourrait enfin dire que la vérité scientifique elle-même a besoin d'être éprouvée par-delà toute preuve scientifique. Les vérités scientifiques, en effet, s'inscrivent elles aussi dans une histoire et sont éprouvées au cours du temps. Elles sont ainsi conduites à être corrigées et parfois même totalement reformulées.

V Conclusion

→ Montrer comment le déroulement des trois parties a permis de répondre à la question posée

La vérité scientifique s'est affirmée comme vérité par distinction d'avec l'opinion, justement parce qu'elle s'avançait à partir de preuves qui la soutenaient.
Cependant, la preuve scientifique n'a pas de sens lorsqu'il est question de vérité existentielle.
On peut parler alors plus justement d'épreuve de la vérité, au sens où toute vérité, sur le monde ou sur soi, doit en passer par l'épreuve du temps pour se révéler réelle.

Texte 1

La science, dans son besoin d'achèvement comme dans son principe, s'oppose absolument à l'opinion. S'il lui arrive, sur un point particulier, de légitimer l'opinion, c'est pour d'autres raisons que celles qui fondent l'opinion ; de sorte que l'opinion a, en droit, toujours tort. L'opinion *pense* mal ; elle ne *pense* pas ; elle *traduit* des besoins en connaissances. En désignant les objets par leur utilité, elle s'interdit de les connaître. On ne peut rien fonder sur l'opinion : il faut d'abord la détruire. Elle est le premier obstacle à surmonter.

Gaston BACHELARD, *La Formation de l'esprit scientifique*, © Vrin, 1938.

Quelle est la thèse de ce texte ?

....

Comment pouvez-vous l'intégrer au développement de votre dissertation ?

....

....

Texte 2

Nous avons dit plus haut qu'un expérimentateur qui voit son idée confirmée par une expérience doit douter et demander une contre-épreuve.

En effet, pour conclure avec certitude qu'une condition donnée est la cause prochaine d'un phénomène, il ne suffit pas d'avoir prouvé que cette condition précède ou accompagne toujours le phénomène ; mais il faut encore établir que, cette condition étant supprimée, le phénomène ne se montrera plus. Si l'on se bornait à la seule preuve de présence, on pourrait croire à des relations de cause à effet quand il n'y a que simple coïncidence. Les coïncidences constituent [...] un des écueils les plus graves que rencontre la méthode expérimentale dans les sciences complexes comme la biologie. [...]

La contre-épreuve devient donc le caractère essentiel et nécessaire de la conclusion du raisonnement expérimental. Elle est l'expression du doute philosophique porté aussi loin que possible. C'est la contre-épreuve qui juge si la relation de cause à effet que l'on cherche dans les phénomènes est trouvée. Pour cela elle supprime la cause admise pour voir si l'effet persiste, s'appuyant sur cet adage ancien et absolument vrai : *Sublata causa, tollitur effectus*[1]. C'est ce qu'on appelle encore l'*experimentum crucis*[2].

Claude BERNARD, *Introduction à la médecine expérimentale*, 1865, première partie, chap. II, Champs-Flammarion, 1984, p. 91.

1. Supprimer la cause pour vérifier si l'effet persiste.
2. Expérience cruciale.

Quelle est la thèse de ce texte ?

....

Comment pouvez-vous l'intégrer au développement de votre dissertation ?

....

....

Texte 3

Ce qui me manque, c'est de ne pas être au clair avec moi-même sur le point de savoir ce que je dois faire. Cela fait partie de ma vocation, de comprendre, de voir ce que la divinité veut que je fasse ; il me faut trouver une vérité qui soit la vérité pour moi (car c'est alors seulement que l'homme acquiert une expérience intérieure [...]), l'idée pour laquelle je veux vivre et mourir. Et à quoi cela m'avancerait-il de découvrir une vérité soi-disant objective, d'étudier des systèmes de philosophes, et, quand on me demanderait d'en faire des exposés, de trouver des contradictions à l'intérieur de chacun d'eux ; en quoi cela m'avancerait-il de développer une théorie de l'état, et, à partir des détails amassés de côté et d'autre, de combiner un ensemble, de construire un monde, un monde où je ne vivrais pas, mais que je présenterais aux autres comme un spectacle ; à quoi cela m'avancerait-il de pouvoir développer la signification du christianisme, d'expliquer beaucoup de phénomènes de détail, si cela n'a pour moi-même et ma vie aucune signification profonde ? Et plus je pourrais le faire, plus je verrais les autres s'approprier les fruits de ma pensée, plus désolante serait ma situation, semblable à celle des parents que leur pauvreté amène à envoyer leurs enfants loin d'eux, et à les confier à d'autres. À quoi me servirait que la vérité se tienne devant moi, froide et nue, indifférente au fait que je la reconnaisse ou non, faisant naître en moi plutôt un frisson d'angoisse qu'un abandon confiant ?

KIERKEGAARD, ***Journal (1834-1839)*****, in Jean Wahl,** ***Études kierkegaardiennes*****,**
© Vrin, 1974, pp. 512-513.

Quelle est la thèse de ce texte ?

....

Comment pouvez-vous l'intégrer au développement de votre dissertation ?

....

....

Texte 4

Le propre du champ psychanalytique[1] est de supposer en effet que le discours du sujet se développe normalement – [...] – dans l'ordre de l'erreur, de la méconnaissance, voire de la dénégation – ce n'est pas tout à fait le mensonge, c'est entre l'erreur et le mensonge. [...]. Mais – voici le nouveau – pendant l'analyse, dans ce discours qui se développe dans le registre de l'erreur, quelque chose arrive par où la vérité fait irruption, et ce n'est pas la contradiction.

[...] Dans l'analyse, la vérité surgit par ce qui est le représentant le plus manifeste de la méprise – le lapsus, l'action qu'on appelle improprement manquée.

Nos actes manqués sont des actes qui réussissent, nos paroles qui achoppent sont des paroles qui avouent. Ils, elles, révèlent une vérité de derrière. À l'intérieur de ce qu'on appelle les associations libres, images du rêve, symptômes, se manifeste une parole qui apporte la vérité. Si la découverte de Freud a un sens, c'est celui-là – la vérité rattrape l'erreur au collet de la méprise[2].

LACAN, ***Le Séminaire*****, Livre I, « Les écrits techniques de Freud », texte établi par J.-A. Miller,**
© Le Seuil, « Point Seuil », 1975, pp. 403-404.

1. Domaine de la psychanalyse.
2. Confusion.

Quelle est la thèse de ce texte ?

....

....

Comment pouvez-vous l'intégrer au développement de votre dissertation ?

....

....

....

Texte 5

Nous connaissons la vérité, non seulement par la raison, mais encore par le cœur ; c'est de cette dernière sorte que nous connaissons les premiers principes, et c'est en vain que le raisonnement qui n'y a point de part, essaye de les combattre. […] Nous savons que nous ne rêvons point ; quelque impuissance où nous soyons de le prouver par la raison, cette impuissance ne conclut autre chose que la faiblesse de notre raison, non pas l'incertitude de toutes nos connaissances […]. Car la connaissance des premiers principes, comme qu'il y a espace, temps, mouvement, nombres, est aussi ferme qu'aucune de celles que nos raisonnements nous donnent. Et c'est sur ces connaissances du cœur et de l'instinct qu'il faut que la raison s'appuie, et qu'elle y fonde tout son discours.

PASCAL, *Pensées*, Éditions Pierre Cailler, Genève, 1947, p. 230.

Quelle est la thèse de ce texte ?

....

....

Comment pouvez-vous l'intégrer au développement de votre dissertation ?

....

....

....

Voir aussi ▶ DESCARTES, *Discours de la méthode*, p. 11

SUJET 2 Commentaire de texte

Il y a deux vues classiques. L'une consiste à traiter l'homme comme le résultat des influences physiques, physiologiques, et sociologiques qui le détermineraient du dehors et feraient de lui une chose entre les choses. L'autre consiste à reconnaître dans l'homme, en tant qu'il est esprit et construit la représentation des causes mêmes qui sont censées agir sur lui, une liberté acosmique. D'un côté, l'homme est une partie du monde, de l'autre il est conscience constituante du monde. Aucune de ces deux vues n'est satisfaisante. À la première, on opposera toujours [...] que, si l'homme était une chose entre les choses, il ne saurait en connaître aucune, puisqu'il serait comme cette chaise ou comme cette table, enfermé dans ses limites, *présent* en un certain lieu de l'espace et donc incapable de se les *représenter* tous. Il faut lui reconnaître une manière d'être très particulière, l'être intentionnel, qui consiste à viser toutes choses et à ne demeurer en aucune. Mais si l'on voulait conclure de là que, par notre fond, nous sommes esprit absolu, on rendrait incompréhensibles nos attaches corporelles et sociales, notre insertion dans le monde, on renoncerait à penser la condition humaine.

MERLEAU-PONTY, *Sens et non-sens.*

Méthode d'approche du texte

I Lire le texte plusieurs fois en cherchant à :

Repérer le thème du texte

Il s'agit d'identifier deux notions principales du texte :

– la matière et l'esprit

– la condition humaine

Repérer la thèse de l'auteur

À partir d'une phrase ou d'un passage du texte, reformuler ce que l'auteur veut démontrer.

Penser la condition humaine, c'est dépasser les deux vues classiques qui considèrent l'homme soit comme un objet matériel, soit comme un pur esprit.

Repérer la structure du texte

Vous devez trouver les parties du texte et essayer de leur donner des titres.

I. Les deux vues classiques (l. 1 à 6)

II. Réfutation des deux vues classiques (l. 6 à 12)

Conclusion : Le mode d'être de l'homme (l. 12 à 15)

Repérer les concepts et les métaphores

Repérez les mots du texte qu'il faudra expliquer et qui renvoient à des notions philosophiques.

- **Dans la première partie :** traiter l'homme comme un « résultat », influences physiques, physiologiques, sociologiques, déterminisme, chose, partie du monde, reconnaissance de l'esprit, représentation des causes, liberté acosmique, conscience constituante du monde.
- **Dans la deuxième partie :** être une chose, connaître quelque chose, rapport au temps, limites, présence dans l'espace, pouvoir de représentation, être intentionnel, viser toutes choses.
- **Dans la conclusion :** esprit absolu, attaches corporelles et sociales (corps et société), insertion dans le monde, condition humaine.

→ Identifier la problématique

Identifiez et reformulez la question que pose l'auteur à travers ce texte et à laquelle il répond.

Pour penser la condition humaine, faut-il choisir entre le matérialisme et l'idéalisme ?

L'homme n'est-il que matière ?

L'homme est-il un pur esprit ?

II Faire appel à d'autres textes pour mettre le propos de Merleau-Ponty en perspective

- Merleau-Ponty, *Phénoménologie de la perception*, p. 115
- Christophe Dejours, *L'évaluation du travail à l'épreuve du réel*, p. 115
- Changeux, *L'Homme neuronal*, p. 116
- Descartes, « Le cogito », *Discours de la méthode*, p. 11 (chapitre 1)
- Kant, *La Philosophie de l'histoire*, p. 36 (chapitre 2)
- Marx, *Manuscrit de 1844*, p. 67 (chapitre 3)

→ **Lisez les textes et essayez de voir comment ils peuvent vous aider à réfléchir à la question.**

→ **Déterminez quels textes utiliser dans quelle partie.**

Explication du texte

I Rédiger l'introduction

→ Étape 1. Partir d'une observation courante, d'un constat en accord avec le sens commun

Le progrès des sciences et des techniques a conduit au développement d'une nouvelle approche des conduites humaines. Aujourd'hui, l'être humain devient lui-même objet de science, c'est-à-dire qu'il est décrit comme lorsqu'on dépeint un phénomène de la nature. Il serait soumis à des lois qu'il n'a pas choisies (lois du fonctionnement cérébral, par exemple), mais qui commanderaient ce qu'il est.

→ Étape 2. Trouver une objection, une nuance permettant d'interroger la première observation

Pourtant, l'être humain peut aussi être considéré comme un sujet libre qui agit à partir de sa propre volonté. En tant qu'être conscient, il serait doué d'un libre arbitre qui le distingue des animaux. En tant que citoyen, il serait responsable de ses actes dans la société.

→ Étape 3. Poser la problématique du texte sous forme de question

Faut-il choisir entre la conception matérialiste de l'être humain et la conception idéaliste ?

L'homme doit-il être pensé à partir de la matière ou à partir de ses facultés spirituelles ?

→ Étape 4. Annoncer la thèse de l'auteur dans le texte

Selon Merleau-Ponty, pour penser la condition humaine, il faut dépasser à la fois la vision scientiste et la vision spiritualiste. L'homme ne peut être réduit à une simple chose, mais pour autant il n'est pas non plus un pur esprit. Penser la condition humaine, c'est se confronter à cette contradiction : l'homme est à la fois matière et esprit.

→ Étape 5. Annoncer le plan

Merleau-Ponty présente tout d'abord les deux vues classiques, ensuite, il démontre leurs insuffisances, et enfin, il propose une nouvelle approche de la condition humaine.

Après avoir expliqué chaque partie du texte, nous nous interrogerons sur les visions de la condition humaine qui l'ont emporté au XXIe siècle.

II Procéder à l'explication ordonnée du texte

I. Les deux vues classiques (l. 1 à 6)

Merleau-Ponty commence par exposer deux conceptions traditionnelles et antinomiques de l'être humain.

- La première est issue du savoir scientifique : elle considère que l'homme n'a pas un statut différent des autres êtres vivants. Il est donc le produit des différentes influences qui agissent sur lui. Il ne choisit pas ce qu'il est. Il est « déterminé du dehors » par ces causes naturelles ou sociales qu'il ne maîtrise pas. Qu'il s'agisse de son propre corps, du fonctionnement de son cerveau, ou même de sa place dans la société, l'homme ne serait que le résultat d'un ensemble de facteurs extérieurs à sa volonté.
L'approche sociologique, par exemple, citée par l'auteur, cherche en effet à formuler des lois qui montreraient la part de déterminisme social dans la vie individuelle. La sociologie ne s'intéresse pas au cas particulier, à l'histoire individuelle, mais plutôt à ce qui permet justement de réunir des individus d'une même origine sociale sous un dénominateur commun.
On peut ainsi parler d'une « chosification » de l'être humain dans cette première approche, qui ôte à l'individu toute liberté.

- La seconde approche est l'envers de la première. L'être humain se définit à partir de sa conscience et de sa faculté à « se déterminer » lui-même. L'homme, dans cette conception spiritualiste, agit à partir d'une « liberté acosmique », c'est-à-dire une liberté qui est toute-puissante, indépendante de toute contrainte « cosmique », donc propre au monde matériel.
Les philosophes classiques comme Descartes au XVIIe siècle **(voir texte 2 p. 11)** et Kant au XVIIIe siècle **(voir texte 3 p. 36)**, ont en effet défini l'homme à partir de sa conscience, de sa volonté et de sa liberté. Pour eux, la consistance spirituelle de l'humain prime sur sa consistance corporelle et sociale.

- « D'un côté l'homme est une partie du monde, de l'autre, il est conscience constituante du monde ». Merleau-Ponty montre qu'il s'agit là de deux rapports au monde totalement opposés. Pour les matérialistes, les scientifiques, c'est le monde qui agit sur l'homme. L'homme est alors le produit de ce qui agit sur lui. Pour les idéalistes, c'est l'homme qui, grâce à sa conscience, se représente le monde sur lequel il agit.

II. Réfutation des deux vues classiques (l. 6 à 12)

Merleau-Ponty va montrer dans cette seconde partie le caractère non pas faux, mais partiel de ces deux vues. En effet, chacune manque un aspect de la réalité humaine.

- La première, la vue matérialiste, adoptée par les sciences (neurobiologie, sociologie), s'intéresse à ce qui ramène l'homme du côté de la nature, même si elle peut être sociale (comme pour la sociologie). La vision matérialiste ne peut pas saisir l'homme comme sujet de connaissance, c'est-à-dire à l'origine d'un savoir sur le monde. Cette conception matérialiste ne permet pas de penser non plus le rapport de l'être humain au temps. Elle considère l'homme comme « enfermé dans ses limites ». Elle ne s'intéresse qu'à sa dimension corporelle, donc spatiale, qu'au lieu dans lequel le corps de l'homme est situé, à l'espace que cette matière organique occupe, tel un objet. L'homme serait donc réduit à n'occuper qu'une place matérielle, celle que délimite son corps.
Or cette conception ne rend pas compte de cette faculté humaine qui permet d'être à la fois ici et ailleurs, de se représenter ce qui n'est plus, le passé, ou de se projeter dans ce qui n'est pas encore, l'avenir. Cette vue matérialiste passe à côté du rapport de l'être humain à la temporalité.

- Pour autant, il ne faudrait pas croire que l'homme puisse se définir tout entier à partir de son esprit. L'autre vue, la version idéaliste de l'humain, rate elle aussi une dimension de l'existence. Concevoir l'homme en tant qu'« esprit absolu », c'est oublier ce qui nous permet de trouver notre place dans le monde, c'est-à-dire « nos attaches corporelles et sociales ». Cette conception spiritualiste, à force d'idéaliser l'humain, le déréalise. On ne peut pas concevoir la condition humaine sans prendre en compte nos passions, nos souffrances, notre désir, notre lien à l'autre.

Conclusion : Le mode d'être de l'homme (l. 12 à 15)

- L'approche que propose Merleau-Ponty consiste à penser l'humain non pas abstraitement, mais en situation. Ce qu'il appelle la condition humaine n'est pas de l'ordre d'une diversité des conditions sociales, mais plus profondément de l'ordre d'une façon d'exister pour l'homme, quelle que soit sa condition sociale. Donc la condition humaine n'est pas une « nature » humaine, justement parce que l'être humain, en tant que sujet conscient, n'est pas réductible aux caractères naturels que pourrait lui conférer son corps.

● La conscience permet à l'homme de « viser toutes choses » tout en ne demeurant en aucune. C'est-à-dire que l'homme est ouvert sur le monde, il pense ce qu'il perçoit, ce qu'il ressent, et pour cela, il n'est pas enfermé dans les limites de son corps.

« L'être intentionnel », c'est une manière d'exister qui permet de s'arracher aux limites de son corps, soit pour atteindre un but en agissant, soit pour se représenter ce qui n'est pas nous en connaissant.

● Cependant, cette conscience qui fait que nous ne sommes pas des choses, n'est pas désincarnée. Elle existe dans un corps et elle se fait l'écho de la vie de ce corps. Elle se fait l'écho du monde qui l'entoure. Cette conscience se constitue à partir du lien social et non pas en tant que pure pensée solitaire, détachée du monde.

L'originalité de la démarche de Merleau-Ponty réside dans la proposition d'une troisième voie à partir des deux perspectives classiques, que sont la vision scientifique ou matérialiste et la vision spiritualiste ou métaphysique.

III Dégager l'intérêt et la portée philosophique du texte

→ Dégager l'intérêt de la thèse de l'auteur

● Dans ce texte, on peut dire que Merleau-Ponty est visionnaire. Il voit arriver, au milieu du XXe siècle, une conception de l'humain issue des sciences, qui va de plus en plus chosifier l'homme. La conception purement idéaliste est déjà dépassée à son époque. En effet, à partir du XIXe siècle, il apparaît de plus en plus clairement que la vision spiritualiste de l'homme n'est plus dominante.

● La conception que propose Merleau-Ponty cherche à sauver le sujet sans pour autant oublier son ancrage concret. Merleau-Ponty s'inscrit là dans un courant appelé « la phénoménologie », qui s'attache à décrire la singularité des phénomènes humains. C'est un courant qui se propose de revenir à l'expérience concrète que l'homme fait du monde et de lui-même. C'est un effort pour dévoiler la façon dont l'être humain perçoit le monde tout en étant pris dans ce monde.

Ce courant réhabilite le corps comme faisant partie de la réalité humaine, mais pour autant, il ne traite pas l'homme comme un objet, puisqu'il s'attache à cerner les phénomènes de la conscience.

● Pour **Merleau-Ponty**, l'homme est bien celui qui est capable d'élaborer des théories scientifiques sur le monde, mais il n'est pas pour autant lui-même qu'un objet de science. La science n'est possible qu'à partir de cette première expérience vécue, qui relève de la condition humaine et qui instaure un rapport au monde avant même toute théorisation sur celui-ci **(voir texte 1 p. 115)**.

→ Confronter la thèse de l'auteur avec une thèse différente

Au XXIe siècle, quelle est la vision de l'être humain qui l'a emportée ?

● C'est la conception matérialiste qui essaie de réduire toute manifestation psychique à un mécanisme cérébral (**voir le texte 3 p. 116** de **Changeux**). Les progrès accomplis dans le domaine de l'intelligence artificielle ont totalement modifié l'approche de l'homme. On cherche de plus en plus à penser le fonctionnement psychique sur le modèle du fonctionnement de l'ordinateur. On envisage le cerveau comme une base de données traitant des informations. Les neurosciences, par exemple, se servent du modèle de la machine pour décrire le fonctionnement cérébral.

● Par ailleurs, comme l'avait bien prédit **Marx** **(voir texte 3 p. 67)**, le monde du travail a tendance lui aussi à traiter l'homme comme une machine, l'employé modèle doit atteindre ses objectifs et donc obéir à une logique productiviste. Ce n'est pas tant l'homme qui est au centre du monde que la machine.

→ Dégager la portée de la thèse

● Face au raz-de-marée de la technique, on peut en effet, comme Merleau-Ponty, défendre une autre conception de l'homme. Il s'agit de valoriser en lui non pas tellement la pensée pure, mais plutôt ce qui fait de lui un être qui n'est pas déterminé par un mécanisme extérieur, mais qui, au contraire, doit inventer ses propres conditions de vie.

- Toutes les activités humaines, le travail lui-même, comportent une part d'invention qui relève de la subjectivité confrontée au réel. Travailler, ce n'est pas seulement être soumis à des consignes extérieures, ce n'est pas non plus obéir à sa seule pensée. C'est justement se confronter au réel, qui fait toujours échouer toutes les prévisions rationnelles. Concevoir l'homme de façon purement mécaniste, c'est proposer en même temps une conception du travail qui passe à côté de l'invention propre à l'activité de « travailler » (**voir le texte 2 p. 115** de Christophe Dejours).
- Comme l'écrivait Sartre dans *L'existentialisme est un humanisme*, « l'homme est condamné à chaque instant à inventer l'homme ». Il peut alors choisir de s'identifier à une machine, mais il peut aussi choisir d'affronter ce vide propre à la condition humaine, qui fait de l'homme un être libre.

IV Rédiger la conclusion

→ Résumer en quelques phrases le sens de la thèse de l'auteur et sa portée, afin de répondre à l'introduction

Nous avons vu comment Merleau-Ponty s'efforçait dans ce texte de redéfinir la place de l'homme dans le monde, en dépassant à la fois la vision purement matérialiste et la vision purement spiritualiste. À la fois corps vivant et conscience pensante, l'homme peut se définir comme un esprit incarné, un sujet « corporéisé ». La spécificité de la condition humaine vient justement de cette contradiction interne à l'être humain. En effet, comme les autres êtres vivants, l'être humain existe en tant qu'organisme, mais construit aussi sa propre identité à partir d'une intentionnalité, qui lui permet de toujours dépasser ce statut purement physique pour se définir à partir de son désir.

Texte 1

Je ne suis pas le résultat ou l'entrecroisement des multiples causalités qui déterminent mon corps ou mon « psychisme », je ne puis pas me penser comme une partie du monde, comme le simple objet de la biologie, de la psychologie ou de la sociologie, ni fermer sur moi l'univers de la science.

Tout ce que je sais du monde, même par la science, je le sais à partir d'une vue mienne ou d'une expérience du monde sans laquelle les symboles de la science ne voudraient rien dire. Tout l'univers de la science est construit sur le monde vécu et si nous voulons penser la science elle-même avec rigueur, en apprécier exactement le sens et la portée, il nous faut réveiller d'abord cette expérience du monde dont elle est l'expression seconde. La science n'a pas et n'aura jamais le même sens d'être que le monde perçu pour la simple raison qu'elle en est une détermination ou une explication.

Je suis non pas un « être vivant » ou même un « homme » ou même une « conscience », avec tous les caractères que la zoologie, l'anatomie sociale ou la psychologie inductive reconnaissent à ces produits de la nature ou de l'histoire, – je suis la source absolue, mon existence ne vient pas de mes antécédents, de mon entourage historique et social, elle va vers eux et les soutient.

MERLEAU-PONTY, *Phénoménologie de la perception*, avant-propos, © Gallimard, 1945, p. II.

Quelle est la thèse de ce texte ?

....

Comment pouvez-vous l'intégrer au développement de votre commentaire ?

....

....

Texte 2

Qu'est-ce que travailler ?

Pour saisir les difficultés de l'évaluation, il nous faut faire un détour et donner un aperçu de ce en quoi consiste cette fameuse expérience du travail, le « travailler ». On parle du « travailler » comme on dit le manger ou le boire , pour rassembler tout ce qui est en cause dans un agir, un acte orienté vers un objectif de production y compris les pensées qui en sont indissociables. La caractéristique majeure du « travailler » c'est que, même si le travail est bien conçu, si l'organisation du travail est rigoureuse, si les consignes et les procédures sont claires, il est impossible d'atteindre la qualité en respectant scrupuleusement les prescriptions.

Le réel du travail

En effet, les situations de travail ordinaires sont grevées d'événements inattendus, de pannes, d'incidents, d'anomalies de fonctionnement, d'incohérences organisationnelles, d'imprévus provenant aussi bien de la matière, des outils et des machines, que des autres travailleurs, des collègues, des chefs, des subordonnés, de l'équipe, de la hiérarchie, des clients même. Il faut le reconnaître, il n'existe pas de travail d'exécution. De fait, apparaît toujours un décalage entre le prescrit et la réalité concrète de la situation. Ce décalage entre le prescrit et l'effectif se retrouve à tous les niveaux de l'analyse entre tâche et activité [...].

Travailler, c'est combler l'écart entre le prescrit et l'effectif. Or, ce qu'il faut mettre en œuvre pour combler cet écart ne peut pas être prévu à l'avance. Le chemin à parcourir entre le prescrit et le réel doit être à chaque fois inventé ou découvert par le sujet qui travaille. Ainsi, pour le clinicien, *le travail se définit-il comme ce que le sujet doit ajouter aux prescriptions pour pouvoir atteindre les objectifs qui lui sont assignés.* Ou encore ce qu'il doit ajouter de lui-même pour faire face à ce qui ne fonctionne pas lorsqu'il s'en tient scrupuleusement à l'exécution des prescriptions.

Comment donc se fait connaître, au sujet qui travaille, cet écart irréductible entre la réalité d'un côté, les prévisions, les prescriptions et les procédures, de l'autre ? Mon point de vue, qui ne va pas forcément vous plaire, est que c'est toujours sous la forme de l'*échec*. Le réel se fait connaître au sujet par sa *résistance* aux procédures, aux savoir-faire, à la technique, à la connaissance, c'est-à-dire par la mise en échec de la maîtrise. Travailler, c'est échouer. Le monde réel résiste. Il confronte le sujet à l'échec, d'où surgit un sentiment d'impuissance, voire d'irritation, de colère, ou encore de déception ou de découragement. […] Le réel se fait connaître au sujet par un effet de surprise désagréable, c'est-à-dire sur un mode affectif. Cela va vous déplaire encore davantage : c'est toujours *affectivement* que le réel du monde se révèle au sujet.

Christophe DEJOURS, *L'Évaluation du travail à l'épreuve du réel*, INRA Éditions, 2003, pp. 13-14.

Quelle est la thèse de ce texte ?

....

Comment pouvez-vous l'intégrer au développement de votre commentaire ?

....

....

....

Texte 3

Au fil des chapitres, le lecteur se sera rendu à l'évidence que le cerveau de l'homme se compose de milliards de neurones reliés entre eux par un immense réseau de câbles et connexions, que dans ces « fils » circulent des impulsions électriques ou chimiques intégralement descriptibles en termes moléculaires ou physico-chimiques, et que tout comportement s'explique par la mobilisation interne d'un ensemble topologiquement défini de cellules nerveuses. Cette dernière proposition enfin a été entendue, à titre d'hypothèse, à des processus de caractère « privé » qui ne se manifestent pas nécessairement par une conduite « ouverte » sur le monde extérieur comme les sensations ou perceptions, l'élaboration d'images de mémoire ou de concepts, l'enchaînement des objets mentaux en « pensée ».

Bien que l'on soit encore loin de disposer de techniques qui permettent de répertorier les assemblées de neurones mises à contribution par un objet mental particulier, la caméra à positrons offre déjà la possibilité de les « entrevoir » à travers la paroi du crâne.

L'identification d'événements mentaux à des événements physiques ne se présente donc en aucun cas comme une prise de position idéologique, mais simplement comme l'hypothèse de travail la plus raisonnable et surtout la plus fructueuse. Comme l'écrivait J. S. Mill[1], « si c'est être matérialiste que de chercher les conditions matérielles des opérations mentales, toutes les théories de l'esprit doivent être matérialistes ou insuf-

1. Philosophe anglais (1806-1873) qui exposa les principes d'une théorie empiriste de la connaissance.

fisantes ». Et, à ceux que cette hypothèse trop simple ferait hésiter, Valéry répond : « Il n'est de forêt vierge, de buisson d'algue marine, de dédale, de labyrinthe cellulaire qui soit plus riche en connexions que le domaine de l'esprit. »

Le moment historique que nous traversons rappelle celui où s'est trouvée la biologie avant la dernière guerre mondiale. Les doctrines vitalistes avaient droit de cité, même parmi les scientifiques. La biologie moléculaire les a réduites au néant. Il faut s'attendre à ce qu'il en soit de même pour les thèses spiritualistes et leurs divers avatars « émergentistes ».

CHANGEUX, *L'Homme neuronal*, © Librairie Arthème Fayard, 1983, p. 333.

Quelle est la thèse de ce texte ?

....

Comment pouvez-vous l'intégrer au développement de votre commentaire ?

....

....

....

Voir aussi ▶ DESCARTES, *Discours de la méthode,* p. 11
▶ KANT, *La Philosophie de l'histoire,* p. 36
▶ MARX, *Manuscrit de 1844,* p. 67

SUJET 3 Dissertation

« Qu'est-ce que "faire une expérience" ? »

Méthode d'analyse du sujet

I Analyser le sujet

→ **Analyser les concepts de la question**

....

....

....

→ **Rechercher d'autres concepts associés ou opposés au sujet**

....

....

→ **Comprendre comment la question est posée**

....

....

....

→ **Reformuler la question**

....

....

II Faire appel aux textes philosophiques pour traiter le sujet

- Descartes, *Discours de la méthode*, p. 120
- Robert Musil, *L'Homme sans qualités*, p. 120
- Aristote, *Éthique à Nicomaque*, p. 121
- Merleau-Ponty, *Phénoménologie de la perception*, p. 115
- Christophe Dejours, *L'évaluation du travail à l'épreuve du réel*, p. 115
- Claude Bernard, *Introduction à l'étude de la médecine expérimentale*, p. 125
- Alexandre Koyré, « Du monde de l'à-peu-près à l'univers de la précision », *Études d'histoire de la pensée philosophique*, p. 126
- Merleau-Ponty, *Sens et non-sens*, p. 72 (chapitre 3)
- Proust, *Le Temps retrouvé*, p. 77 (chapitre 3)

Développement du plan en trois parties

III Élaborer un plan

→ **Identifier trois parties, en donnant à chacune d'elle un titre :**

Partie 1 : La thèse :

....

Partie 2 : L'antithèse :

....

Partie 3 : La synthèse :

IV Rédiger l'introduction

→ **Étape 1. Partir d'une observation courante, d'un constat en accord avec le sens commun**

→ **Étape 2. Trouver une objection, une nuance permettant d'interroger la première observation**

→ **Étape 3. Poser la question du sujet**

→ **Étape 4. Reformuler la question**

→ **Étape 5. Annoncer le plan**

V Rédiger la conclusion

Montrer comment le déroulement des trois parties a permis de répondre à la question posée

Texte 1

J'ai été nourri aux lettres dès mon enfance, et parce qu'on me persuadait que, par leur moyen, on pouvait acquérir une connaissance claire et assurée de tout ce qui est utile à la vie, j'avais un extrême désir d'apprendre. Mais, sitôt que j'eus achevé tout ce cours d'études, au bout duquel on a coutume d'être reçu au rang des doctes, je changeai entièrement d'opinion. Car je me trouvais embarrassé de tant de doutes et d'erreurs, qu'il me semblait n'avoir fait autre profit, en tâchant de m'instruire, sinon que j'avais découvert de plus en plus mon ignorance. [...]

C'est pourquoi sitôt que l'âge me permit de sortir de la sujétion de mes précepteurs, je quittai entièrement l'étude des lettres. Et me résolvant de ne chercher plus d'autre science, que celle qui se pourrait trouver en moi-même, ou bien dans le grand livre du monde, j'employai le reste de ma jeunesse à voyager, à voir des cours et des armées, à fréquenter des gens de diverses humeurs et conditions, à recueillir diverses expériences, à m'éprouver moi-même dans les rencontres que la fortune me proposait, et partout à faire telle réflexion sur les choses qui se présentaient, que j'en pusse tirer quelque profit. Car il me semblait que je pourrais rencontrer beaucoup plus de vérité, dans les raisonnements que chacun fait touchant les affaires qui lui importent, et dont l'événement doit le punir bientôt s'il a mal jugé, que dans ceux que fait un homme de lettres dans son cabinet, touchant des spéculations qui ne produisent aucun effet, et qui ne lui sont d'autres conséquences, sinon que peut-être il en tirera d'autant plus de vanité qu'elles seront plus éloignées du sens commun, à cause qu'il aura dû employer d'autant plus d'esprit et d'artifice à tâcher de les rendre vraisemblables. Et j'avais toujours un extrême désir d'apprendre à distinguer le vrai d'avec le faux, pour voir clair en mes actions, et marcher avec assurance en cette vie.

[...] Mais après que j'eus employé quelques années à étudier ainsi dans le livre du monde et à tâcher d'acquérir quelque expérience, je pris un jour résolution d'étudier aussi en moi-même, et d'employer toutes les forces de mon esprit à choisir les chemins que je devais suivre. Ce qui me réussit beaucoup mieux, ce me semble, que si je ne me fusse jamais éloigné, ni de mon pays, ni de mes livres.

DESCARTES, *Discours de la méthode*, première partie, G.F., 1991, pp. 35-39.

Quelle est la thèse de ce texte ?

....

Comment pouvez-vous l'intégrer au développement de votre dissertation ?

....

....

Texte 2

N'a-t-on pas remarqué que les expériences vécues se sont détachées de l'homme ? Elles sont passées sur la scène, dans les livres, dans les rapports des laboratoires et des expéditions scientifiques, dans les communautés, religieuses ou autres, qui développent certaines formes d'expériences aux dépens des autres comme dans une expérimentation sociale. Dans la mesure où les expériences vécues ne se trouvent pas, précisément, dans le travail, elles sont, tout simplement, dans l'air. Qui oserait encore prétendre, aujourd'hui, que sa colère soit vraiment la sienne, quand tant de gens se mêlent de lui en parler et de s'y retrouver mieux que lui-même ? Il s'est constitué un monde de qualités sans homme, d'expériences vécues sans personne pour les vivre ; on en viendrait presque à penser que l'homme, dans le cas idéal, finira par ne plus pouvoir disposer d'une expérience privée et que le doux fardeau de la responsabilité personnelle se dissoudra dans l'algèbre des significations possibles. Il est probable que la désagrégation de la conception anthropomorphique qui, pendant si longtemps, fit de l'homme le centre de l'univers, mais est en passe de disparaître depuis plusieurs siècles déjà, atteint enfin le Moi lui-même ; la plupart des hommes commencent à tenir pour naïveté l'idée que l'essentiel, dans une expérience, soit de la faire soi-même, et dans un acte, d'en être l'acteur.

Robert MUSIL, *L'Homme sans qualités*, tome I, trad. P. Jaccottet, © Le Seuil, pp. 188-189.

Quelle est la thèse de ce texte ?

....

Comment pouvez-vous l'intégrer au développement de votre dissertation ?

....

....

Texte 3

Les jeunes gens peuvent devenir géomètres ou mathématiciens ou savants dans les disciplines de ce genre, alors qu'on n'admet pas communément qu'il puisse exister de jeune homme prudent. La cause en est que la prudence a rapport aussi aux faits particuliers, qui ne nous deviennent familiers que par l'expérience, dont un jeune homme est toujours dépourvu (car c'est à force de temps que l'expérience s'acquiert). On pourrait même se demander pourquoi un enfant, qui peut faire un mathématicien, est incapable d'être philosophe ou même physicien. Ne serait-ce que, parmi ces sciences, les premières s'acquièrent par abstraction, tandis que les autres ont leurs principes dérivés de l'expérience, et que, dans ce dernier cas, les jeunes gens ne se sont formés aucune conviction et se contentent de paroles, tandis que les notions mathématiques, au contraire, ont une essence dégagée de toute obscurité ? [...]

Et que la prudence ne soit pas science, c'est là une chose manifeste : elle porte, en effet, sur ce qu'il y a de plus particulier, [...] car l'action à accomplir est elle-même particulière. La prudence dès lors s'oppose à la raison intuitive : la raison intuitive, en effet, appréhende les définitions, pour lesquelles on ne peut donner aucune raison, tandis que la prudence est la connaissance de ce qu'il y a de plus individuel, lequel n'est pas objet de science, mais de perception [...].

ARISTOTE, *Éthique à Nicomaque*, livre VI, chap. 9, trad. J. Tricot, © Vrin, 1983, pp. 295-296.

Quelle est la thèse de ce texte ?

....

Comment pouvez-vous l'intégrer au développement de votre dissertation ?

....

....

SUJET 4 Commentaire de texte

D'où il naît une autre question, si toutes les vérités dépendent de l'expérience, c'est-à-dire de l'induction et des exemples, ou s'il y en a qui ont encore un autre fondement. Car si quelques événements se peuvent prévoir avant toute épreuve qu'on en ait faite, il est manifeste que nous y contribuons quelque chose de notre part. Les sens, quoique nécessaires pour toutes nos connaissances actuelles, ne sont point suffisants pour nous les donner toutes, puisque les sens ne donnent jamais que des exemples, c'est-à-dire des vérités particulières et individuelles. Or, tous les exemples qui confirment une vérité générale, de quelque nombre qu'ils soient, ne suffisent pas pour établir la nécessité universelle de cette même vérité, car il ne suit pas que ce qui est arrivé arrivera toujours de même. […] D'où il paraît que les vérités nécessaires, telles qu'on les trouve dans les mathématiques pures et particulièrement dans l'arithmétique et dans la géométrie, doivent avoir des principes dont la preuve ne dépende point des exemples, ni par conséquence du témoignage des sens, quoique sans les sens on ne se serait jamais avisé d'y penser.

LEIBNIZ, *Nouveaux Essais sur l'entendement humain.*

Méthode d'approche du texte

I Lire le texte plusieurs fois en cherchant à :

→ Repérer le thème du texte

→ Repérer la thèse

→ Repérer la structure du texte

→ Reconnaître les concepts philosophiques

→ Formuler la problématique

II Faire appel à d'autres textes pour mettre le texte de Leibniz en perspective

– Kant, *Critique de la raison pure*, p. 125
– Claude Bernard, *Introduction à l'étude de la médecine expérimentale*, p. 125
– Alexandre Koyré, « Du monde de l'à-peu-près à l'univers de la précision », *Études d'histoire de la pensée philosophique*, p. 126

Explication du texte

I Rédiger l'introduction

→ Étape 1. Partir d'une observation courante, d'un constat en accord avec le sens commun

....

....

....

→ Étape 2. Trouver une objection, une nuance permettant d'interroger la première observation

....

....

....

→ Étape 3. Poser la problématique du texte sous forme de question

....

....

→ Étape 4. Annoncer la thèse de l'auteur dans le texte

....

....

....

→ Étape 5. Annoncer le plan

....

....

....

....

II Procéder à une explication ordonnée du texte

I ....

....

II ....

....

III ....

....

III Dégager l'intérêt et la portée philosophique du texte

→ **Dégager l'intérêt de la thèse de l'auteur**

....

....

....

....

→ **Dégager la portée de la thèse**

....

....

....

....

→ **Confronter la thèse de l'auteur avec une thèse différente**

....

....

....

....

IV Rédiger la conclusion

→ **Résumer en quelques phrases le sens de la thèse de l'auteur et sa portée, afin de répondre à l'introduction**

....

....

....

....

Texte 1

Il n'est pas douteux que toutes nos connaissances ne commencent avec l'expérience ; car par quoi la faculté de connaître serait-elle appelée à s'exercer, si elle ne l'était point par des objets qui frappent nos sens et qui, d'un côté, produisent d'eux-mêmes des représentations, et, de l'autre, excitent notre activité intellectuelle à les comparer, à les unir ou à les séparer, et à mettre ainsi en œuvre la matière brute des impressions sensibles pour en former cette connaissance des objets qui s'appelle l'expérience ? Aucune connaissance ne précède donc en nous, dans le temps, l'expérience, et toutes commencent avec elle.

Mais, si toutes nos connaissances commencent avec l'expérience, il n'en résulte pas qu'elles dérivent toutes de l'expérience. En effet, il se pourrait bien que notre connaissance expérimentale elle-même fût un assemblage composé de ce que nous recevons des impressions, et de ce que notre propre faculté de connaître tirerait d'elle-même (à l'occasion de ces impressions sensibles), quoique nous ne fussions capables de distinguer cette addition d'avec la matière première que quand un long exercice nous aurait appris à y appliquer notre attention et à les séparer l'une de l'autre.

KANT, *Critique de la raison pure*, trad. Tremesaygue et Pacaud, © PUF, 1993, p. 31.

Quelle est la thèse de ce texte ?

....

Comment pouvez-vous l'intégrer au développement de votre commentaire ?

....

....

Texte 2

Si les faits donnaient nécessairement naissance aux idées, chaque fait nouveau devrait engendrer une idée nouvelle. Cela a lieu, il est vrai, le plus souvent ; car il est des faits nouveaux qui, par leur nature, font venir la même idée nouvelle à tous les hommes placés dans les mêmes conditions d'instruction antérieure. Mais il est aussi des faits qui ne disent rien à l'esprit du plus grand nombre, tandis qu'ils sont lumineux pour d'autres. Il arrive même qu'un fait ou une observation reste très longtemps devant les yeux d'un savant sans rien lui inspirer ; puis tout à coup vient un trait de lumière, et l'esprit interprète le même fait tout autrement qu'auparavant et lui trouve des rapports tout nouveaux. L'idée neuve apparaît alors avec la rapidité de l'éclair comme une sorte de révélation subite ; ce qui prouve bien que, dans ce cas, la découverte réside dans un sentiment des choses qui est non seulement personnel, mais qui est même relatif à l'état actuel dans lequel se trouve l'esprit.

La méthode expérimentale ne donnera donc pas des idées neuves et fécondes à ceux qui n'en ont pas ; elle servira seulement à diriger les idées chez ceux qui en ont et à les développer afin d'en retirer les meilleurs résultats possibles. L'idée, c'est la graine ; la méthode, c'est le sol qui lui fournit les conditions de se développer, de prospérer et de donner les meilleurs fruits suivant sa nature. Mais de même qu'il ne poussera jamais dans le sol que ce qu'on y sème, de même il ne se développera par la méthode expérimentale que les idées qu'on lui soumet. La méthode elle-même n'enfante rien, [...].

Claude BERNARD, *Introduction à l'étude de la médecine expérimentale*, 1865, première partie, chap. II, Champs-Flammarion, 1984, p. 66.

Quelle est la thèse de ce texte ?

....

Comment pouvez-vous l'intégrer au développement de votre commentaire ?

....

....

Texte 3

La science grecque [...] n'a pas constitué de technologie véritable, parce qu'elle n'a pas élaboré de physique. Mais pourquoi, encore une fois, ne l'a-t-elle pas fait ? Selon toute apparence parce qu'elle n'a pas cherché à le faire. Et cela, sans doute, parce qu'elle croyait que ce n'était pas faisable.

En effet, faire de la physique dans notre sens du terme – pas dans celui donné à ce vocable par Aristote, – veut dire appliquer au réel les notions rigides, exactes et précises des mathématiques, et tout d'abord, de la géométrie. Une entreprise paradoxale, s'il en fut, car la réalité, celle de la vie quotidienne, au milieu de laquelle nous vivons et nous sommes, n'est pas mathématique. Ni même mathématisable. Elle est le domaine du mouvant, de l'imprécis, du « plus ou moins », de l'« à-peu-près ». [...] Il en résulte que vouloir appliquer les mathématiques à l'étude de la nature, c'est commettre une erreur et un contresens. Il n'y a pas dans la nature de cercles, d'ellipses ou de lignes droites. Il est ridicule de vouloir mesurer avec exactitude les dimensions d'un être naturel : le cheval est sans doute plus grand que le chien, et plus petit que l'éléphant, mais ni le chien, ni le cheval, ni l'éléphant n'ont de dimensions strictement et rigidement déterminées : il y a partout une marge d'imprécision, de « jeu », de « plus ou moins » et d'« à-peu-près ».

Ce sont là des idées (ou des attitudes) auxquelles la pensée grecque est restée obstinément fidèle, quelles que soient les philosophies dont elle les déduisait ; jamais elle n'a voulu admettre que l'exactitude puisse être de ce monde, que la matière de ce monde, de notre monde à nous, du monde sublunaire[1], puisse incarner les êtres mathématiques [...]. Elle admettait en revanche qu'il en fût tout à fait autrement des Cieux, que les mouvements absolument et parfaitement réguliers des sphères et des astres fussent conformes aux lois de la plus stricte et de la plus rigide géométrie. Mais justement, les Cieux, ce n'est pas la terre. Et de ce fait l'astronomie mathématique est possible, mais la physique mathématique ne l'est pas. Aussi la science grecque [...] n'a jamais essayé de mathématiser le mouvement terrestre, et [...] d'employer sur la terre un instrument de mesure et même de mesurer quoi que ce soit en dehors des distances. Or, c'est à travers l'instrument de mesure que l'idée d'exactitude prend possession de ce monde, et que le monde de la précision en arrive à se substituer au monde de l'« à-peu-près ».

Alexandre KOYRÉ, « Du monde de l'à-peu-près à l'univers de la précision », in *Études d'histoire de la pensée philosophique*, © Gallimard, « Tel », 1995, p. 342.

1. Monde terrestre (littéralement : monde sous la lune), par opposition au monde lunaire.

Quelle est la thèse de ce texte ?

....

Comment pouvez-vous l'intégrer au développement de votre commentaire ?

....

....

Index

A

Alféri (Pierre), *Chercher une phrase*, **61**
Arendt (Hannah), *Eichmann à Jérusalem, Rapport sur la banalité du mal*, **37** ;
La Crise de la culture, **70, 75**
Aristote, *Éthique à Nicomaque*, **38, 42, 121** ;
Les Politiques, **84**

B

Bachelard (Gaston), *La Formation de l'esprit scientifique*, **107**
Bergson, *L'Énergie spirituelle*, **14**
Bernard (Claude), *Introduction à l'étude de la médecine expérimentale*, **125** ;
Introduction à la médecine expérimentale, **107**
Brillat-Savarin, *Physiologie du goût*, **87**

C, D

Changeux, *L'Homme neuronal*, **116**
Dejours (Christophe), *L'évaluation du travail à l'épreuve du réel*, **115**
Descartes, *Discours de la méthode*, **11, 120** ;
Lettre à Élisabeth, **51**

E, F

Épicure, *Lettre à Ménécée*, **51**
Freud, *Cinq Leçons sur la psychanalyse*, **19** ;
Introduction à la psychanalyse, **60** ;
Le Malaise dans la culture, **71** ;
Nouvelles Conférences d'introduction à la psychanalyse, **13** ;
Nouvelles Conférences sur la psychanalyse, **29** ;
Un souvenir d'enfance de Léonard de Vinci, **77**
Freud et Breuer, *Études sur l'hystérie*, **24**

H

Hardt et Négri, *Empire*, **102**
Hegel, *Cours d'esthétique*, **75** ;
Encyclopédie des sciences philosophiques, **58** ;
Esthétique, **70**
Hobbes, *Le Citoyen*, **46**

K

Kandinsky, *Du spirituel dans l'art*, **76**
Kant, *Critique de la raison pratique*, **26** ;
Critique de la raison pure, **125** ;
D'un prétendu droit de mentir par humanité, **59** ;
Fondements de la métaphysique des mœurs, **43, 48** ;
La Philosophie de l'histoire, **36** ;
Théorie et Pratique, **102**
Kierkegaard, *Journal (1834-1839)*, **108**
Klee, *Théorie de l'art moderne*, **76**
Klemperer, *LTI, la langue du IIIe Reich*, **92**
Koyré (Alexandre), *Études d'histoire de la pensée philosophique*, **126**

L

Lacan, *Autres Écrits*, **86** ;
Écrits I, **60** ;
Le Séminaire, **108**
Leibniz, *Nouveaux Essais sur l'entendement humain*, **122**
Leiris (Michel), *Biffures*, **58**
Lévi-Strauss, *Les Structures élémentaires de la parenté*, **35**
Locke, *Essai sur l'entendement humain*, **29**

M

Marx, *Manuscrits de 1844*, **67**
Merleau-Ponty, *Phénoménologie de la perception*, **115** ;
Sens et non-sens, **72, 110**
Milner, « Les valets du contrôle », *Le Nouvel Âne*, **93**
Musil (Robert), *L'Homme sans qualités*, **120**

P

Pascal, *Pensées*, **11, 66, 97, 109** ;
Préface du traité du vide, **62**
Pernot, *La Politesse et sa philosophie*, **84**
Platon, *Le Banquet*, **22**
Proust, *À la recherche du temps perdu*, **18** ;
Le Temps retrouvé, **52, 77** ;
Un amour de Swann, **12**

R

Racine, *Phèdre*, **23**
Rousseau, *Discours sur l'origine et les fondements de l'inégalité parmi les hommes*, **66** ;
Du contrat social, **46, 96** ;
Émile ou de l'éducation, **35** ;
Essai sur l'origine des langues, **85**

S, T

Saint Augustin, *Les Confessions*, **22, 42**
Saint Thomas d'Aquin, *Somme théologique*, **96**
Sartre, *L'existentialisme est un humanisme*, **30, 47, 92** ;
Situations, **88**
Schopenhauer, *Le Monde comme volonté et comme représentation*, **24**
Spinoza, *Traité théologico-politique*, **101**
Tocqueville, *De la démocratie en Amérique II*, **98, 101**

100 %
PAPIER RECYCLÉ
3 256 811
N° éditeur : 10150270
Dépôt légal : avril 2008
Imprimé en France
par CLERC